진짜 공부는 인생을 바꾼다

- 김병완의 공부 혁명 시리즈 1권 -

찐짜 공부는 인생을 바꾼다

공부의 목적은 지식이 아니라 존재의 성장이다

김병완

- 어제보다 나은 내일과 성장을 갈망하는 당신을 위해 -

" 진짜 인생을 알게 해 주고, 살게 해 주는 것은 공부뿐이다. "

인생을 제대로 살게 해 주는 공부 혁명 프로젝트 !!!

플랫폼연구소

김병완의 공부 혁명 시리즈 1권

진짜 공부는 인생을 바꾼다
공부의 목적은 지식이 아니라 존재의 성장이다

< 진짜 인생을 알게 해 주는 것은 공부뿐이다. >
< 인생을 제대로 살게 해 주는 공부 혁명 프로젝트 >

' 삶은 배움이고, 배움을 통해서만 창조적인 삶에 도달하며, 창조적인 삶이야말로 세상에서 가장 큰 기쁨을 안겨 준다. '   - 김병완 -

" 사람은 스스로 위대해지기를 작정했을 때만 위대해진다."   - 샤를 드골 -

이 책은 2016년 출간하여, 자기계발 성공학 분야에서 베스트셀러를 3주 동안 한 [김병완의 공부 혁명]의 개정증보판으로, 공부 혁명 시리즈 3권으로 출간하게 되었습니다. 1권은 진짜 공부는 인생을 바꾼다 _ 공부의 목적은 지식이 아니라 존재의 성장이며, 2권은 진짜 공부는 세상을 이긴다 _ 공부가 경쟁이 아닌 혁명이 되는 순간이며, 3권은 진짜 공부는 자신을 완성한다 _ 공부의 끝은 자기 초월이며, 자아실현임을 알려드립니다.

" 인생을 제대로 살게 해 주는 것은 진짜 공부뿐이다. 공부로 인생을 혁명하라 "

" 인생을 그저 사는 것은 중요하지 않다. 제대로 사는 것이 중요하다. 제대로 살기 위해서는 제대로 사는 법을 배워야 한다. 회사도 학교도 가정도 더 이상 제대로 사는 법을 배울 수 없다. 스스로 공부해야만 한다. 그래서 공부혁명이 필요하다." _ 김병완

" 변혁의 시대에는 배우려는 사람들이 세상을 물려받게 되어 있다. 이미 배운 것으로 만족하는 사람들이 이젠 더 이상 존재하지 않게 된 세상에 자신이 가장 적합한 인물이라고 착각하는 동안에. "

< 에릭 호퍼 >

프롤로그 _ 가장 현명한 사람은 배우는 사람이다.

위대한 인생과 평범한 인생을 가르는 것이 단 한 가지 있다. 그것은 바로 제대로 된 공부이다. 그렇기 때문에 무엇인가를 끊임없이 배우고 스스로 공부를 하는 사람은 가장 현명한 사람이다.

" 가장 현명한 사람은 배우고자 하는 사람이다."
- 탈무드 -

한 번뿐인 인생 시시하게 살다가 갈 것인가?
위대함을 갈망하며, 위대한 인생을 살아갈 것인가?

평범한 인생과 위대한 인생을 가르는 것은 무엇인가?

능력이나 학식이나 부나 성공이 아니다. 그런 것들은 부산물에 불과하다. 평범함과 위대함을 가르는 것은 바로 '진짜 공부'이다.

진짜 위대한 인생은 부와 성공을 거머쥔 그런 인생이 아니다.

진짜 위대한 인생은 자기 삶의 주인이 되어 사는 삶이다.

그리고 그러한 인생은 한 마디로 진짜 공부를 통해서만 가능하다. 진짜 공부를 통해 내공을 탄탄히 쌓고, 뿌리 깊은 나무처럼 어떤 태풍에도 흔들리지 않는 인생의 주인공으로 살아갈 때, 부와 성공은 자연스럽게 당신을 따르게 된다.

진짜 공부를 하지 않는 사람들은 부와 성공을 쫓아다니며 철새처럼 요동치는 그런 불안한 삶을 살 수밖에 없다. 그것은 그들 내면에 공부를 통해 축적해 놓은 내공과 진짜 실력이 없기 때문이다.

그러므로 독자들이여, 진짜 공부에 제대로 미쳐야 한다.

선택은 바로 당신의 몫이다.

"열정, 자신감, 도전, 패기만으로 어떻게 100세 시대 긴 인생을 살아가고자 하는가?"

" 100세 시대, 긴 인생에서 진짜 공부를 하지 않고 어떻게 삶을 완수하고, 제대로 살아 내려고 하는가? 공부만이 최고의 생존 전략이며 탁월함에 이르게 하는 유일한 수단이다. "

공자는 이런 말을 한 적이 있다.

'곤이불학(困而不學) 민사위하의(民斯爲下矣)'
'궁지에 몰렸음에도 공부하지 않는 자는 제일 어리석은 자이다.'

공자는 어려움을 겪은 후에 공부하는 사람이 공부하지 않는 사람보다 더 현명한 사람이고, 어려움을 겪지 않았음에도 공부를 하는 사람이 어려움을 겪은 후에 공부하는 사람보다 더 현명하다고 말했다.

공부를 하는 사람은 인간을 상중하로 나눈다면 상에 속하는 사람이라고 할 수 있다. 필자는 솔직히 40대가 다 되어, 궁지에 몰리고서야 공부를 시작했다. 즉 필자는 공부에 있어서 하수였다고 할 수 있다. 궁지에 몰렸고, 그

덕분에 공부하게 되었던 사람이다.

 하지만 20대나 30대 때 진짜 공부를 하여 인생을 바꿀 수 있는 사람은 공자가 말한 단계 중에서 상에 속하는 사람일 것이다. 20대나 30대까지는 진짜 인생의 곤궁함을 잘 모르기 때문이다.

 솔직히 40대가 되어야 인생이 무엇인지 조금 보이기 시작하고, 인생의 참된 곤궁함을 겪어 보게 된다고 할 수 있다. 하지만 40대 때도 충분히 공부를 통해 인생을 바꿀 수 있음을 필자는 알고 있다.

 하지만 공자의 말에 의하면 인생의 산전수전을 다 겪고 난 후 다시 공부를 시작하는 사람보다는 처음부터 공부를 시작하는 사람이 훨씬 더 났다고 한다.

 이 책은 바로 '궁지에 몰리지 않았음에도 공부를 시작하는 그런 상에 속하는 사람들, 즉 상류에 속하는 사람들의 공부'에 대한 책이다.
 20대 공부는 정확히 말해서 40대 때 하는 공부와 차원이 다를 수밖에 없다. 40대처럼 인생이 조금 보이기 시작하지 않기 때문에 인생의 참맛을 느낄 수 있는 그런 공부는 할 수 없다. 하지만 그럼에도 20대 공부는 20대만이 할 수 있는 그런 신선한 공부라는 매력이 있다. 또한 40대 공부는 인생의 산전수전을 다 겪은 인간만이 할 수 있는 깊이 있는 성찰의 공부라는 깊이가 있고, 60대의 공부는 세상과 타인을 잘 통찰할 수 있는 넓이의 공부가 될 수 있고, 80대 이후의 공부는 인생을 잘 완주하고, 마무리할 수 있는 유종의 미를 이룰 수 있는 완성의 공부가 될 수 있다.

40대, 50대 혹은 60대가 되어서 하는 공부는 20대 30대의 공부와 또 다른 매력과 깊이가 있다. 인생의 쓴맛, 더운 맛, 단맛, 매운맛을 다 겪은 장년과 노년의 공부는 또 다른 깊이의 공부라 할 수 있다.

 결론은 이것이다.

" 공부에는 정해진 시기와 대상이 없다는 것이다. 하지만 각각 장단점이 있다는 사실도 간과해서는 안 될 것이다."

수장선고란 말처럼, 물이 많아야 배가 저절로 높게 뜨는 것이다. 물도 없는데 배를 높게 띄울 수 없다. 패기나 자신감만으로 절대로 배를 높게 띄울 수 없다.

나이와 상관없이 누구나 진짜 공부를 해야 하는 이유다. 공부는 자신의 인생에 물을 많이 채우는 것이다. 물이 많으면, 즉 자신을 진짜 공부로 완성해 나가면 부와 성공은 저절로 따라오게 되어 있다.

20대는 다양한 공부를 통해 의식의 변화와 사고력의 향상을 이루어야 한다. 일찍 공부를 시작한 이들은 40대 때 공부한 이들보다 훨씬 더 쉽고 빠르게 의식의 변화와 사고력을 가져와서 남들보다 좀 더 일찍 세상을 보는 눈을 키울 수 있다.

그런 점에서 20대 때 진짜 공부를 하지 않는 것은 매우 큰 인생 낭비라고 할 수 있다. 우리는 무엇을 하더라도 효율의 중요성을 간과해서는 안 된다. 1시간 공부를 해도 새벽에 하는 것과 심신이 지쳐 있는 저녁에 하는 것은 큰 차이가 있고, 그 차이는 바로 효율이라는 측면 때문에 발생하는 것이다.

똑같은 공부를 해도 20대 때 하는 것과 50대 때 하는 것은 절대적으로 차이가 있다는 것이다. 20대는 아직 의식과 사고가 굳어져 버린 그런 시기가 아니기 때문에 제대로 공부에 미치기만 한다면 50대보다 상대적으로 훨씬 더 쉽게 자기 도약과 발전을 할 수 있는 시기이다.

그런 점에서 20대 때 공부에 미치는 사람은 훨씬 더 쉽고 빠르게 자신의 인생을 위대한 인생으로 만들어 나갈 수 있다는 것이 필자의 지론이다.

30대와 40대의 많은 중년들이 가장 후회하는 것 중 하나가 생계를 책임져야 할 가족들이 있기 때문에 공부에 미칠 수가 없다는 것과 그렇기 때문에 생계의 의무가 없었던 20대 때 마음껏 공부에 미치지 않았던 것이다.

하지만 필자는 40대도 공부에 미칠 수 있음을 피력했다. 하지만 실제로 생계를 포기하거나 아니면 생계의 의무 이행을 잠시 미룬 채 공부에 오롯이 미칠 수 있는 사람은 많지 않았을 것이다. 현실을 완전하게 무시할 수 없는 것이 우리의 삶이기 때문이다.

그런 40대에 비하면 20대는 진짜 공부에 미칠 수 있는 좋은 시기고, 환상적인 시기이다.

그렇기 때문에 20대들이여, 30대들이여, 공부에 제대로 미쳐 보라. 또한 40대들이여, 50대들이여, 60대들이여, 70대들이여, 80대들이여 그럼에도 불구하고, 인생 최고의 진짜 마지막 공부를 시작하라. 공부에 미치는 데는 나이와 상관없다.

나이를 먹는다고, 저절로 인생이 달라지고 노는 물이 달라지지 않는다. 오직 진짜 공부를 통해서만, 인생이 달라지고, 노는 물이 달라진다는 사실을 명심하자. 필자는 이 사실을 경험했다. 공부를 통해 인생이 달라지고 노는 물이 달라지고 의식과 사고가 달라진다는 것이 무엇인지 확실하게 알게 되었다.

결론은 '20대이든, 40대이든, 60대이든, 80대이든 언제든 진짜 공부에 제대로 미치지 않는 것은 인생을 낭비하는 것'이라는 사실이다.

공부는 20대에게 세상을 살아갈 수 있는 힘을 길러주

고, 당당하게 살아갈 수 있는 자신감과 내공을 길러 준다. 그래서 20대 때 공부에 미쳐 본 경험이 있는 사람과 그렇지 못한 사람은 알게 모르게 평생 큰 차이가 생기는 것이다. 그리고 이 차이가 바로 인생의 격을 결정하게 되는 것이다.

또한 공부는 40대에게, 50대에게, 60대에게, 70대에게, 80대에게 인생을 완성할 수 있는 진짜 힘을 만들어 준다. 삶을 통찰하고, 세상을 지혜롭게 바라볼 수 있게 해 주어, 긴 인생을 제대로 완성할 수 있게 해 주고, 인생을 잘 마무리할 수 있게 해 준다. 20대와 30대는 열심히 잘 살아왔지만, 40대와 50대 때 인생을 망가뜨리는 단 한 번의 실수로 인생을 망치는 사람들이 적지 않다. 중년 이후의 공부가 필요한 이유가 바로 이것이다.

유종의 미가 가장 중요하다. 인생에도 마찬가지다. 40대 이후, 50대 이후, 60대 이후, 70대 이후, 80대 이후의 공부는 진짜 필요하다. 인생을 제대로 잘 완성하고, 마칠 수 있게 해 주는 힘을 어디서 찾을 것인가? 공부가 아니면 무엇으로 그것을 해 낼 것인가?

진짜 인생은 공부하는 인생이다. 공부를 하지 않고 어

떻게 100세 시대를 살아가고자 하는가? 공부는 인생의 예의이자 특권이다. 20대 공부는 진짜 자신을 발견할 수 있게 해 주고, 그로 인해 진짜 인생을 살아갈 수 있게 해 준다. 30대 공부는 인생의 길을 발견하게 해 주고, 40대 공부는 진짜 세상을 경험하고 통찰하게 해 준다. 50대 공부는 타인과 우주를 진정으로 만나게 해 주고, 60대 70대 80대 이후의 공부는 인생에 유종의 미를 잘 거둘 수 있게 해 준다. 우리는 알아야 한다. 시작보다 끝이 더 중요하다는 사실을 말이다.

진짜 인생을 살고 싶다면 공부해야 가능하다. 타인의 삶을 그대로 쫓아가는 그런 삶을 살아가는 것은 진짜 인생이 아니다. 자기 자신만의 길을 개척하고 인생의 주인으로 살아가고 싶다면 공부를 통해 의식과 사고를 향상해야 한다.

바로 이런 이유 때문에 공부는 선택이 아니라 필수라는 것이다. 그리고 이것을 하지 않는 것은 인생에서 가장 큰 낭비를 하는 것이라고 말할 수 있는 것이다.

친애하는 독자들이여! 진짜 공부에 미쳐라! 그래서 당

신의 인생을 명품으로 만들어라. 공부를 통해 인생의 주인이 되어라.

인생의 참된 주인으로 살아갈 수 있게 해 주는 것은 진짜 공부뿐이다. 자신감만으로 도전하고 성공한다 한들 그것은 껍데기에 불과하다. 진짜 위대한 인생은 부와 성공이 아니라 진짜 공부에서 비롯된다.

진짜 공부가 아니고서 무엇으로 인생을 잘 살아낼 수 있을 것인가?

독자들이여! 이제 진짜 공부에 미쳐라!

목차

프롤로그 _ 가장 현명한 사람은 배우는 사람이다.

제1장. 진짜 인생을 살게 해 주는 진짜 공부를 지금 시작하자.

    진짜 인생을 살고 싶다면 공부하라.
    타인에게 쓰이기 위한 공부가 아니다.
    위대함과 평범함을 가르는 것은 진짜 공부다.
    공부를 통해 의식을 변화시켜라.
    진짜 고수는 공부로 만들어진다.
    생각하고 행동하고 스스로 공부하라
    변혁의 시대 믿을 것은 공부뿐이다.
    보이는 스펙보다 보이지 않는 공부가 더 중요하다.
    프로와 아마추어는 진짜 공부에서 결정된다.
    공부하지 않은 자는 공부하는 자를 넘을 수 없다.
    세상에 공짜는 없다.

제2장. 진짜 공부는 인생의 가장 큰 특권이다.

　진짜 공부를 하지 않는 것은 인생에서 가장 큰 손해다.
　진짜 공부는 당신을 배반하지 않는다.
　인생이 달라지는 공부가 진짜 공부다
　진짜 공부를 통해 무엇이든 될 수 있다.
　진짜 공부는 자신을 넘어설 수 있게 해 준다.
　진짜 공부는 머리가 아닌 가슴으로 하는 것이다.
　진짜 공부는 인생의 가장 큰 특권이다.
　20대든, 80대든 공부에 미칠 수 있는 사람은 따로 있다.
　공부는 또 다른 하나의 선물이다.

에필로그_ 공부를 멀리 하는 것은 인생 최대의 낭비이며, 실수이다.

" 모든 사람이 두 가지 교육을 받는다.

하나는 다른 사람들에게서 받는 교육이고,

다른 하나는 첫 번째 보다 더 중요한 교육으로
스스로 배우는 것이다."

<기번>

제1장. 진짜 인생을 살게 해 주는 '진짜 공부'를 지금 시작하자.

" 인간이란 피조물은 얼마나 대단한가! 이성의 고귀함이여! 능력의 무한함이여! 생김과 동작은 얼마나 반듯하고 멋진가! 행동거지는 천사가 따로 없다! 헤아림은 신의 경지다! 세상 가운데 아름다움이요, 동물 가운데 귀감이다. "

– [햄릿] 2막 2장 중에서 –

" 우리에게 뭔가 시도할 용기가 없다면 삶이 도대체 무슨 의미가 있다는 말인가?"

< 빈센트 반 고흐 >

" 우리는 길을 찾거나 아니면 만들게 될 것이다."

< 한니발 >

" 시도했던 모든 것이 물거품이 되었더라도 그것은 또 하나의 전진이기 때문에 나는 용기를 잃지 않는 다."

< 토머스 에디슨 >

진짜 인생을 살고 싶다면 공부하라.

" 나는 의식적인 노력으로 자신의 삶을 높이고자 하는 인간의 확실한 능력보다 더 고무적인 사실을 알지 못한다."

헨리 데이비드 소로의 이 말을 마음속에 새겨야 할 사람들은 누구일까?

이제 막 진정한 사회인으로, 성인으로 살아가게 될 20대인 당신이다. 물론 이 말은 20대 뿐만 아니라 전 연령층에 꼭 필요한 말임에 틀림없다. 그렇기 때문에 이 책은 솔직하게 말해서 60대 어르신들도 읽어도 되는 책이다. 그럼에도 불구하고 굳이 20대들을 위해 이 말을 꼭 하고 싶은 이유는 그들이 살아가야 할 인생이 너무나 많이 남아있기 때문이다.

다시 말해, 그 누구보다도 그들의 공부가 그들의 성공과 실패에 말할 수 없는 영향을 끼치게 되기 때문이다.

세상에는 두 종류의 사람이 존재한다.

첫 번째는 공부를 전혀 하지 않으면서 열심히 인생을 살아가는 사람이다. 그리고 두 번째는 공부를 열심히 하면서 인생을 살아가는 사람이다. 당신은 어느 쪽에 속하는가?

내 친구들도 정확히 이 두 부류로 나누어진다. 첫 번째 부류는 무엇을 해도 열심히 하고, 성실하고 책임감이 있고, 다정다감하고, 인간관계도 나쁘지 않는 그런 부류의 친구이다. 하지만 스스로 내면의 공부, 인생 공부, 성찰과 변화를 이끌어 내는 성장의 공부는 하지 않는다.

또 다른 부류는 그렇게 특별한 노력이나 성실함은 없고, 다른 이들과 비슷하게 성실하고 비슷하게 열심히 산다. 하지만 내면의 공부에 특별한 노력을 기울이고 30대가 되어도, 40대가 되어도 변함없이 공부를 하는 부류의 친구다.

이 두 부류의 친구들을 본의 아니게 살펴보면, 지금 당장은 크게 차이가 없지만 40이 되고, 50이 되고, 60이 되어 갈수록 엄청난 간격이 벌어진다는 것을 필자는 뼈저리게 느끼고 있고, 경험하고 있다. 그 간격은 정말 어마어마한 것이다. 굳이 말하지 않아도 알 것이다.

 독자들의 생각은 어떤 것이든, 그 생각을 훨씬 더 뛰어넘는 것이라는 사실은 확실하다.

 자 어떤 부류의 친구가 인생을 제대로, 진짜로 잘 살아낼 수 있을까? 라는 질문보다 더 중요한 것이 있다. 그것은 우리가 인생을 하루하루 소비하며 살아가는 것이 중요한 것이 아니라 뭔가를 이루어내며 살아가야 한다는 점에 있다.

 즉 하루하루 그저 잘 먹고 잘사는 것은 어쩌면 매우 낮은 수준의 우리들의 희망일 것이다. 이것보다 더 높은 수준의 삶의 의미와 가치를 우리는 망각해서는 안 된다는 점이다. 가장 높은 수준의 삶의 의미와 가치는 우리가 한 번뿐인 삶을 통해 무엇인가를 이루어놓아야 한다는 것이다.

 그런 점에서 행복한 삶보다 더 가치 있는 삶은 성장을

토대로 한 성공의 삶인 것이다. 성장을 토대로 한 성공의 삶은 그저 요행으로, 열심히 살아서 경제적으로 윤택해지는 삶과는 질적으로 다르다.

성장을 토대로 한 성공은 경제적, 사회적 성공보다 훨씬 더 중요한 의미가 있다. 그것은 사람의 존재 가치가 달라지는 것이기 때문이다. 경제적 사회적 성공은 성과나 결과에 의존하지만, 성장을 토대로 한 성공은 성과나 결과보다 과정과 성장을 더 중요시한다.

우리에게 공부 혁명이 필요한 이유는 바로 후자 때문이다.

인생은 하루하루 살아가는 것이 아니라, 무엇인가를 만들고, 창조하며 살아가는 것이다.

여기서 가장 중요한 것은 '무엇인가'이다. 그런데 이 무엇인가에 가장 중요한 요소는 바로 세상과 타인이 아니라 자기 자신이라는 사실을 너무나 많은 사람들이 등한시여기고 깨닫지 못 한다.

우리가 살면서 가장 중요하게 생각해야 할 부분은 바로 자기 자신을 변화시키고 성장시켜야 한다는 이 부분이다. 그런데 많은 이들은 다른 무엇인가를 먼저 변화시키고 창조하고 만들려고 한다.

바로 이런 이유에서 그렇게 많은 이들이 실패하고 좌절을 경험하게 되는 것이다. 순서가 잘못 되면 모든 것이 잘 못 된다.

가장 좋은 순서는 먼저 자기 자신이다. 자신이 먼저 변화되고 성장을 해야 하고, 그러한 변화와 성장을 통해 그 어떤 수준의 자신이 된 후에 비로소 무엇인가를 만들고 창조할 수 있게 되는 것이다.

이제 진정한 성인으로, 진짜 인생을 살아가게 된 당신이 반드시 명심해야 할 것이 있다면 당신이 살아가게 될 그 인생은 절대로 되돌릴 수 없는 것이라는 사실이다.

한 마디로 말하자면, 당신의 눈부신 청춘도, 당신의 짜릿한 젊음도, 당신의 애틋한 첫 사랑도 단 한 번뿐이라는 것이다.

그것이 당신이 살아가야 할 인생이 가지고 있는 최고의 진실이다.

'인생은 단 한 번뿐이다.'

그렇기 때문에, 당신이 20대든, 40대든, 60대든 상관없이 당신에게 공부가 필요하다. 공부만이 당신의 인생을 제대로, 깊이 있게, 넓게 살아갈 수 있게 해 주기 때문이다.

이 사실은 당신에게 많은 것을 요구한다. 아니 앞으로 어떤 삶을, 어떻게 살아갈 것인가에 대한 질문을 끊임없이 한다.

단 한 번뿐인 인생을 시시하게 그저 그렇게 살아갈 것인가? 아니면 엄청난 부자가 되고, 눈부신 성공을 거머쥐고, 후세에 오랫동안 당신의 이름이 빛나는 그런 멋진 인생을 살아갈 것인가?

20대인 당신은 지금 30대인 선배들, 40대인 아저씨들, 50대인 아버지 세대들의 사람들을 유심히 관찰해 보라.

당신이 알고 있는 그런 사람들 중에서 과연 몇 퍼센트의 사람들이 사는 것이 너무 너무 재미있다고 날마다 환호성을 내지르며 그렇게 멋지게 살아가고 있는 가를 말이다.

인정하기 싫지만 30대 혹은 40대, 그리고 50대의 사람들 중에 사는 것이 정말로 너무너무 재미있고 신난다고 하는 사람은 10%도 되지 않는 다는 사실이다. 99%의 중년들이 그저 그렇게 살아가고 있고, 헨리 데이비드 소로의 말처럼 '조용한 절망의 삶'을 살아가고 있다.

다행스러운 것은 그나마 부자가 되어, 궁색하게 살지 않고 노년까지도 경제적으로 생활고에 시달리지 않고 살아갈 수 있는 사람들에 속한다는 것은 불행 중 다행이고, 이들보다 더 다행스러운 사람들은 사회적으로 큰 성공을 거두어 오랫동안 명예로운 이름이 기억되는 사람들일 것이다.

하지만 이렇게 다행스러운 사람들은 1%에서 10% 사이라는 것이다.

20대인 당신, 혹은 40대인 당신, 혹은 80대인 당신은 이제 선택을 해야 한다. 좋든 싫든 당신의 선택이 당신의 20년 후, 30년 후, 아니 평생을 좌우하게 된다는 것이다.

최소한 단 한 번뿐 인생을 살면서 부와 성공을 이루지 못 한다는 것은 엄청난 슬픔이고 아픔이고 상처이고 불행한 것이다.

왜냐하면 많은 사람들이 그깟 돈이 없어도 행복하고, 그깟 성공을 안 해도 된다고 말하지만, 그깟 아무것도 아닌 것조차도 이루지 못 하는 인생은 정말 그깟 인생이 되기 때문이라고 말 할 수 있지 않을 까?

선택은 당신의 몫이다.

부와 성공을 이룬 사람들을 보자. 그들은 과연 어떻게 해서 부와 성공을 이루었을 까?

긍정적인 삶의 태도와 자세, 무엇을 하더라도 성공할 것이라는 자신감, 뜨거운 열정, 확고한 신념 등과 같은 것만으로 그들이 부와 성공을 성취해 내고 두 손에 거머쥘 수 있었을까?

 물론 이것이 없는 사람들보다는 있는 사람들이 백 번 더 유리할 것이다. 하지만 이것을 다 가지고도 부와 성공을 거머쥐지 못 한 사람들이 더 많다는 사실을 당신은 알아야 한다.

 필자도 그 중에 한 명이었다. 40대가 되기 전까지 남들보다 더 열심히, 더 뜨겁게, 더 긍정적으로, 더 확고한 신념을 가지고 살았지만 부와 성공을 이루지 못 했다.

 그런데 3년 동안 지독한 이것을 통해 부와 성공을 이루었다.

 그것이 바로 '진짜 공부'인 것이다.

 그런데 공부라고 하면 오해를 하는 사람들이 많다. 필자가 경험한 공부는 많은 이들이 생각하는 그런 공부가 아니었다.

 즉 스펙을 쌓기 위한 영어 공부, 토익 공부, 자격증을 얻기 위한 자격증 공부, 졸업이나 입학을 하기 위한 그런 학교 공부, 회사에서 승진을 하기 위한 승진 공부, 입사를 하기 위한 입사 공부를 누구보다 열심히 20대와 30대 했지만, 부와 성공을 이루어 내지 못 했다.

 더 힘들고, 더 어렵고, 더 복잡하게 남들처럼 경쟁 속으로 자꾸만 빠져 들어갔던 것이 사실이다.

 그런데 40대를 전후해서 회사를 그만두고, 대부분의 세상 사람들이 많이 하는 이러한 공부와 전혀 다른 공부를 하게 되었다.

 3년 동안 거의 매일 도서관에 출근(?)하여 다양한 분야의 책들을 섭렵하면서, 세상을 보는 안목을 키우고, 자기 자신에 대해 깊게 성찰하고, 사회와 경제와 문화와 인물과 트렌드에 대해서 공부하고, 인간의 심리와 뇌과학에 대해 공부하고, 미래학에 대해 공부하고, 역사와 문학에 대해 공부했다.

 정말 놀랍지 않은 가? 전혀 스펙 쌓기와 아무 관련이 없는 그런 헛공부와 같은 공부들이었다.

하지만 놀라운 일이 벌어졌다. 이러한 공부를 3년 동안 지독하게 한 결과, 신문에도 나고, TV에도 출연하고, 책도 쓰고, 여기저기 강연도 다니고, 유명 인사가 되었던 것이다.

먹고 살 만큼의 부와 성공을 이루게 되었던 것이다.

필자의 삶을 통해 필자는 두 가지 사실을 깨달았다.

첫 번째는 40대 중년의 나이에도 진짜 공부를 하게 되면 인생을 바꿀 수 있다는 사실이다.

두 번째는 이러한 진짜 공부를 20대의 나이에 했더라면 지금 쯤 열 배는 더 많은 부와 성공을 이루게 되었을 것이라는 사실이다.

그럼에도 불구하고 공부가 가진 위대함과 막강한 영향력은 20대 아닌 다른 연령의 사람들조차도 진짜 공부를 하게 되면 20대 청춘이 된 것과 같은 착각에 빠지게 한다는 사실을 간과해서는 안 된다.

그저 착각에만 빠지게 하는 것이 아니다. 실제로 20대 청춘처럼 다시 새로운 인생을 살게 해 주기도 한다. 그렇기 때문에 진짜 공부는 당신의 나이에 상관없이 당신을 20대 청춘으로 만들어 주는 것이다.

이 책은 진짜 공부를 통해 다시 20대가 된 당신이 시행착오를 하지 않고, 단 한 번뿐인 인생을 절대로 낭비하지 않고 제대로 진짜 공부를 통해 부와 성공을 남들보다 훨씬 더 빨리 거머쥘 수 있게 해 주기 위한 길잡이 역할을 해 주기 위한 책이다.

진짜 공부를 통해 20대 청춘으로 거듭난 진짜 공부하는 사람들을 필자는 이렇게 부르고 싶다.

20대 청춘들이여! 40대 중년들이여! 60대 노년들이여!

진짜 인생의 성공과 부를 이루게 해 주는 것은 스펙이 아니라, 진짜 공부다.

왜 그럴까? 이 책을 통해 그 사실을 알게 될 것이다.

다시 한번 더 말하지만, 이 책에서 말하는 20대 청춘들은 생물학적인 나이만을 의미하지 않는다. 생물학적 나이가 60대라도 진짜 공부를 하고 있다면 그 사람은 20대 청춘이다. 적어도 내게는 그렇다.

그렇기 때문에 이 책의 독자는 전 연령층이다. 공부에 때가 없듯이 이 책의 독자들도 정해진 연령층이 없다.

누구나 진짜 공부를 한다면 내게는 '20대 청춘'으로 보이기 때문이다.

이 책에서 이야기하는 20대는 공부하는 사람을 지칭하는 말임을 분명하게 말한다.

타인에게 쓰이기 위한 공부가 아니다.

진짜 공부는 '누구'를 위해 사는 것이 아니라 '자기 자신'을 위해 살 수 있도록 해 주는 공부이고, 타인을 위해 일하는 것이 아니라 자기 자신을 위해 일하면서 살 수 있도록 해 주는 공부이다.

그런 점에서 학교 공부와 20대부터 하는 진짜 공부는 성격이 다르고, 내용도 다르고, 심지어 방향과 목적도 다르다.

학교 공부를 하는 이유가 무엇인가?

한 마디로 좋은 직장, 좋은 직업을 얻기 위해서이다. 즉 어떤 직장이나 어떤 분야에서 쓸모 있는 사람이 되기 위해서이다. 하지만 좀 더 엄밀하게 말해서는 타인에게 쓰임을 받기 위해서 공부를 했다고 말 할 수 있다.

가령 의사 자격증이나 변호사 자격증을 얻는 것도 결국 타인에게 쓰임을 받기 위해서이다. 하물며 교대를 졸업하거나, 공대를 졸업하는 것도 마찬가지라고 할 수 있다.

간호 대학을 졸업하거나, 경영학과를 졸업하고 공부하는 것도 역시 누군가에게 쓰임을 받기 위한 공부라고 할 수 있다. 기술을 배우는 것도 타인에게 쓰이기 위해 공부를 한 것이다. 기술이 없으면 아무도 당신을 부르지 않고 쓰지 않는 다.

좋은 학교, 좋은 학과에 들어가는 것도 역시 따지고 보면 좋은 직장에 취직을 잘 하기 위해서일 것이다. 그리고 그것이 의미하는 것은 타인에게 더 많이 쓰이기 위한 것이라고 할 수 있다.

진짜 공부는 그러한 학교 공부와 달라야 한다. 자기 자신의 행복을 위한 공부여야 한다. 그리고 그 행복의 근원은 바로 자유이다. 그렇기 때문에 달리 말하자면, 20대부터 하는 진짜 공부는 자유로워지기 위해 하는 공부이고, 행복해지기 위해 하는 공부인 것이다.

필자는 진짜 공부의 사례를 근대 일본에서 발견할 수 있었다. 근대 일본을 부강한 일본으로 만든 두 권의 책이 있었다. 한 권은 [자조론]이고, 또 한 권은 바로 만 엔짜리 지폐에 그려진 인물인 후쿠자와 유키치로, 그의 책인 [학문의 권유]이다. 이 책은 [자조론]과 함께 메이지 유신의 정신적 교과서이자, '오늘날의 부강한 일본을 만든 두 권의 책' 중 한 권으로 꼽히는 책이다.

후쿠자와 유키치의 [학문의 권유]란 책이 과연 어떤 책이기에 일본에서 그렇게 놀라운 책으로 손꼽힐까? 이러한 질문에 대한 대답은 한 마디로 학교 공부가 아닌, 진짜 공부의 필요성과 진짜 공부의 이유를 제대로 설명함으로써 일본 국민들로 하여금 자신을 자유롭게 하고, 행복하게 하고, 성공하게 하고, 풍요롭게 해 주는 그런 진짜 공부에 대한 인식을 가질 수 있게 해 주었기 때문이라고 정리할 수 있을 것이다.

일단 이 책의 서두에 나오는 말을 살펴보자.

" 하늘은 사람 위에 사람을 만들지도 사람 밑에 사람을 만들지도 않았다고 전한다. 그럼에도 오늘날의 넓은 인간세계를 보면 현명한 인간과 어리석은 인간, 가난한 인간과 부자인 인간, 신분이 높은 인간과 낮은 인간이 있다. 그 차이는 어디에서 오는 것일까?

그것은 명백하게 말할 수 있다. 현명한 사람과 어리석은 사람의 차이는 배움과 배우면서 깨달은 것에 의해 생긴 것이다. 인간은 태어날 때부터 귀천상하로 나눠진 것이 아니지만 학문을 권유함에 의해 많은 것을 알게 되는 것으로 귀인이 되고 부자가 되며 배움이 없는 자는 가난해지며 하인이 되는 것이다."   < 후쿠자와 유키치, [학

문의 권유], 서두 >

 그의 말처럼, 인간을 나뉘고, 성공과 실패를 가르는 것은 바로 진짜 공부라는 사실을 20대인 당신은 명심해야 할 것이다.

 그가 강조하고 또 강조하고 싶었던 것은 진짜 공부를 하지 않으면 귀인이 될 수 없고, 부자가 될 수 없고, 성공하지 못 하고, 자유가 없는 노예의 삶을 살게 되는 것일 것이다. 일본 국민들로 하여금 진짜 공부를 하게 함으로써 일본을 부강하게 만든 그는 일본의 정신적 스승이 되었던 것이다.

 20대인 당신이 진짜 공부를 시작하지 않는 다면 그것은 한 마디로 자신을 버리는 행위를 시작했다는 것이다. 자신을 발견하고 자신을 위한 삶은 오롯이 진짜 공부를 통해서만 가능하기 때문이다.

 10대는 모든 사람들이 정해진 틀 속에서 학교 공부를 하고, 비슷하게 살아간다. 하지만 어른이 된 20대부터는 너무나 다양한 삶을 살아가야 한다. 그 때 당신은 어떤 삶을 선택하며 어떤 인생을 살 것이며, 어떤 일을 할 것인가?

이 때 진짜 공부를 하지 않는 다면 당신은 남을 위해 일하고, 남을 위해 살아가고, 남의 인생을 선택할 수밖에 없게 된다는 사실을 명심하라.

 그렇게 40대 까지 살았던 사람이 필자이다. 필자가 남들보다 더 멍청하기 때문에 그렇게 살았던 것은 아니다. 진짜 공부를 하지 않았기 때문에 그렇게 살 수 밖에 없었던 것이다.

 10대 때 까지, 혹은 20대 초반이나 중반까지의 학창 공부는 항상 모범 답안을 원한다. 가장 명확하고 분명한 하나의 답을 원하고, 항상 최단 거리를 원하고, 항상 정해져 있는 지식을 요구한다. 항상 답이 있다는 것이다.

 하지만 20대인 당신이 해야 하는 진짜 공부는 하나의 답도 없고, 여러 개의 답도 없는 엄청나게 많은 답이 존재하지만 아무도 답이 무엇이라고 말 할 수 없는 그런 공부를 해야 한다. 항상 우회 도로를 생각해야 하고, 항상 그 어떤 것도 정해져 있지 않는 그런 새로운 지식, 살아 있는 지식이 요구 될 뿐만 아니라 스스로 만들어 나가야 하는 그런 공부를 해야 한다는 것이다.

이것이 바로 당신이 해야 할 진짜 공부의 성격인 것이다. 당신이 살아가야 할 시대는 지식 사회가 아니라 감성과 창조의 사회이다. 그렇기 때문에 정해진 답을 많이 알고 있는 전문가들이 각광을 받는 사회가 아니라 독창적이고 괴짜이고 이단아이고 해적과 같은 그런 정해지지 않은 답을 많이 가지고 있는 자유로운 사람들이 각광을 받는 사회인 것이다.

마치 스티브 잡스처럼 말이다. 빌 게이츠 역시 하버드 대학교를 중퇴하여, 정해진 길에서 벗어나 이단아가 되고, 괴짜가 되고, 해적이 되었음을 명심하라. 세계 최고의 미래 학자로 평가받고 있는 앨빈 토플러 역시 정해진 고등 교육 기관에서 벗어나 5년 동안 노동자로 살면서, 자유롭게 독학을 했다는 사실을 명심하라.

지금 이 시대에 당신이 가져야 하는 마인드는 공자가 말한 '군자'의 마음과 일맥상통하다는 것을 잊지 말라.

 공자는 군자는 모름지기 그릇과 같아서는 안 된다고 말했다.

 '군자불기(君子不器)'

 이 말을 필자는 21세기, 감성과 창조의 시대에 이 시대가 필요로 하는 창조적 인재를 의미하는 것이라고 나름대로 해석하고 싶다.

 '군자는 정해진 쓰임, 용도에 자신을 가두어서는 안 된다.'는 이 말은, 한 분야만 잘 알고, 정해진 지식만 아는 그런 전문가가 되어서는 안 된다는 말이다.

 학교 공부는 전문가를 만들어서 평생 자신의 인생이 그 분야에 갇히게 되는 그런 사람, 정해진 용도, 정해진 틀 속에 자신을 가두어 버리는 그런 인간이 되게 해 주는 공부이다. 즉 무엇이 되기 위한 공부라는 것이다.

 하지만 진짜 공부는 자신을 다양하게, 자유롭게, 뭐든지

할 수 있게, 하지만 그것에 속박 받지 않는 그런 삶을 살아갈 수 있게 해 주는 그런 자유로워지기 위한 공부, 진짜 자기 자신을 위한 공부인 것이다. 즉 무엇인가가 되기 위한 공부가 아니라 더욱 더 자기 자신이 되도록 해 주는 그런 공부라고 말 할 수 있을 것이다.

위대함과 평범함을 가르는 것은 진짜 공부다.

20대 때 진짜 공부에 미쳐야 하는 진짜 이유 중에 하나는 그것이 위대함과 평범함을 결정짓기 때문이다.

20대 때 진짜 공부를 하지 않고 자신감으로만 똘똘 뭉친 젊은이가 이것저것 닥치는 대로 사업에 도전을 하여 실패도 많이 하겠지만, 또한 성공도 하게 되어 부와 성공을 얻게 되었다고 생각해 보자.

인생에서 부와 성공을 얻게 되었다고 그 인생을 위대한 인생이라고 할 수 있을 까? 반대로 세상에서 실패자로 낙인 찍혀 죄인의 신분이 되어, 18년 동안 시골에 유배당한 채로 살았던 사람이 있다. 하지만 이 사람은 진짜 공부를 통해 자신을 완성시켜 나갔다.

그 결과 엄청난 책을 집필하고 후학을 양성했다. 그가 남긴 수 백 권의 책들은 지금 후손들에게 귀중한 학술 자료가 되고 있고, 그의 공부 인생은 영원히 후손들에게 전해지고 있다. 이 사람이 바로 다산 정약용 선생이다.

인생의 위대함을 결정짓는 것은 부와 성공이 아니다. 얼마나 '진짜 공부를 했느냐' 인 것이다.

" 태산은 단 한 줌의 흙도 마다하지 않았기에 그 높음을 이룰 수 있었고, 하해(河海)(큰 강과 바다)는 작은 물줄기도 가리지 않았기에 그 깊음을 이룰 수 있었습니다."

초나라 출신의 이사가 쓴 명문 [간축객서(諫逐客書)]에 나오는 구절이다. 흙 한 줌이 태산이 되는 것은 기적이지만, 태산은 그러한 흙 한 줌으로부터 시작 되었다.

인생의 성공과 실패도 따지고 보면 20대 때부터 꾸준히 작지만 조금씩 축적해 나갔던 공부에 의해 결판난다. 하지만 이러한 사실을 많은 젊은이들은 모르고 있다. 그저 일생일대의 절호의 기회가 오거나, 큰 행운이 와야 큰 성공을 할 수 있을 것이라고 생각하고 대박을 꿈꾼다.

하지만 수많은 위인들과 성공한 사람들을 보면 아이러니하게도 대박을 꿈꾸거나 한 두 번의 절호의 찬스 때문에 크게 성공한 사람들은 단 한 명도 없다. 그들은 하루하루 축적해 나가는 공부를 통해 태산이 한 줌의 흙도 마다하지 않았기에 그 높음을 이룰 수 있었던 것처럼 그렇게 자신의 거대한 성공을 일상 속에서 하루하루 축적해 나갔던 사람들이었다.

 20대 때 진짜 공부를 치열하게 한 사람과 그렇지 않은 사람들은 20대 때 눈에 크게 확연하게 차이가 나지 않는다. 하지만 30대가 되면 조금 눈에 차이가 보이고, 40대가 되면 엄청나게 크게 차이가 난다.

 그래서 인생이 조금 보이기 시작하는 40대 때 사람들은 자신이 공부를 치열하게 하지 않았던 20대 때를 그리워하게 되고 후회하게 된다. 하지만 40대 때 다시 공부를 시작하는 무서운 사람들도 없지는 않다. 하지만 이런 사람들은 60대와 70대 때 그 결실을 보게 된다는 사실을 명심해야 한다.

 이러한 사실을 잘 말해 주는 대표적인 인물이 필자가 다른 전작에서도 소개했던 공손홍이다.

이 사람은 20대 때 공부를 하지 않았다. 그래서 40대 까지는 남들처럼 평범하게 살았다. 하지만, 늦었지만 40대부터 학문에 뜻을 두고 공부를 하기 시작했다. 그 덕분에 그는 공부를 통해 인생을 바꿀 수 있었다. 하지만 그가 공부를 통해 빛을 본 것은 노년이라는 점을 명심해야 한다.

중국의 한무제 때 인물인 공손홍(公孫弘)은 한 나라 때 인물로 산둥 지방에 살았고, 전직이 옥리(獄吏)였다. 하지만 그 직업조차 죄를 짓고 쫓겨나게 되는 산전수전을 겪게 된다. 결국 그는 시골에서 돼지를 키우며 생계를 꾸려 나가는 공중전까지 겪으며 하루하루를 희망도 없이, 도전도 없이 말 그대로 생명만 연장시키며 사는 사람이 되었다.

하지만 그의 진면목이 나타난 것은 바로 40대 이후의 삶이었다. 그는 제 2 의 인생에 도전을 하기 시작 했다. 그의 나이 40이 되어서, 학문에 뜻을 두기 시작 했다. 즉 40대 공부를 시작 했다. 돼지를 키우며 생계를 꾸려 나가야 하는 그에게, 40대 공부라는 것이 지금처럼 쉬운 것이 아니었다. 하지만 그는 '춘추잡설(春秋雜說)'을 독학하며, 공자가 말한 공부의 기쁨을 누리며, 공부에 빠져 들었던 것이다. 그렇게 20년의 세월이 흐른 후, 그의 공부는 비로소 빛을 발하기 시작했다.

그의 학문이 점차 인정을 받기 시작했고, 급기야는 지방관의 추천을 받아 벼슬길에 오르게 되어, 일약 조정의 박사(博士)로 임명 되었다. 하지만 이 세상은 항상 부침이 있고, 시련과 역경이란 세파가 불기 마련이다. 그에게도 역시 시련은 닥쳐왔다. 힘들게 얻은 관직에서 다시 물러나는 시련을 겪게 되었던 것이다.

하지만, 40대 공부를 통해 자신을 뛰어 넘고, 세상의 풍파에 흔들리지 않는 큰 그릇으로 자신을 발전시키고 완성시킨 탓에 어떠한 요동도, 좌절도 하지 않으며, 의연하게 그것을 받아 들였다.

세상의 것에 연연하지 않고 그는 다시 공부에 전념했고, 그 결과 그는 또 다시 66세 때 조정에 들어가게 되고, 비로소 76세 때 승상의 위치에 오르게 되었다. 그로 인해 그는 중국 역사에 큰 족적을 남기는 인물 중 한 명이 될 수 있었고, 인생의 후반기에 멋진 삶을 일구어 낸 인물이 되었다.

 이렇게 인간의 진면목은 40대 이후의 공부를 통해서도 충분히 나타날 수 있고, 유일무이한 존재가 될 수 있다. 하지만 70이 넘어서 승상의 자리에 올랐다는 사실을 통해 우리가 배워야 할 한 가지 사실은 20대 때 공부를 시작했다면 그는 좀 더 일찍 40대나 50대 때 공부의 결실을 맺을 수 있었다는 사실일 것이다.

 공부의 결실이 이렇게 수 십 년 후에 나타나는 이유는 무엇일까? 공부란 결국 축적이기 때문이다.

 바로 이런 이유에서 20대 때 공부는 40대와 50대 때 결실을 맺게 되고, 인생의 가장 중요한 시기인 중년의 성공과 실패를 좌우한다고 말할 수 있는 것이다.

 바로 이런 이유 때문에 진짜 공부는 반드시 해야 하는 것이라고 말하고 싶은 것이다. 인생의 성공과 실패는 공부에 달려 있다. 인생 중반에 성공하고 싶은 사람은 20대 때 공부를 치열하게 해야 한다.

공부를 통해 의식을 변화시켜라.

'평범한 사람과 비범한 사람의 차이는 능력이나 지식이 아니라 의식에 있다.'

이것이 필자의 지론이다. 공부나 독서를 오랫동안 많이 한 사람들이 크게 성공하는 이유 중에 하나는 지식이 많아지기 때문이라 아니라고 필자는 생각한다. 지식은 아무리 많아져도 한 사람의 인생을 바꾸지 못한다.

한 사람의 인생을 바꾸는 것은 지식이 아니라 의식이다. 이런 점은 능력이나 기술의 문제에 있어서도 다르지 않다.

이 세상에는 능력이 뛰어난 사람들이 적지 않다. 하지만 성공하는 사람들을 보면 그렇게 능력이 뛰어난 사람들이 아니라는 점에서 놀라워 할 수밖에 없다.

능력이 비슷한 사람들 중에서도 어떤 이는 큰 성공을 하고, 큰돈을 번다. 하지만 반대로 비슷한 능력의 어떤 사람들은 평범하게 살아가고 있고, 또 어떤 이들은 능력이 크게 떨어지지 않으면서도 별 볼 일 없는 인생을 살아가고 있다.

이 차이를 만드는 것이 바로 의식이라는 것이다.

'능력의 차이는 5배를 넘을 수 없지만 의식의 차이는 500배를 넘을 수 있다.'

이 말이 너무 심한 것 같은가? 절대 아니다. 의식의 차이 때문에 하루에 10만 원도 벌지 못하는 사람이 있는가 하면, 하루에 10억도 버는 사람이 있는 것이다. 이 차이를 어떻게 능력의 차이라고 할 수 있을까?

성공과 실패를 결정짓는 것은 어떻게 보면 눈에 보이지 않는 작은 것들이라고 할 수 있다. 눈에 보이지 않기 때문에 그 차이가 매우 큰 것이라고 오해를 하는 것이다. 사실 그 차이는 매우 작다. 하지만 그 작은 차이가 좀처럼 쉽게 바뀌지 않는 이유는 1%의 의식이 달라진다는 것이 매우 어려운 것이기도 하기 때문이다.

이 세상에서 의식을 1%라도 바꿀 수 있게 해 주는 것은 독서와 여행이다. 독서는 결국 공부라고 생각해도 무방하다.

그래서 중국의 현자였던 고염무는 다음과 같은 말을 한 것이라고 생각한다.

'독서만권 행만리로(讀書萬卷 行萬里路)'

'만 권의 책을 읽고 만 리의 길을 다녀라' 라고 말이다. 이렇게 하면 인생을 보는 시야가 넓어지게 되어, 참된 인생을 살아갈 수 있게 될 것이라는 것이다. 이렇게 만 권의 책을 읽고 만 리의 길을 다니게 되면 무엇보다 의식이 바뀔 수 있다고 필자는 생각한다.

공부를 한 사람과 그렇지 못한 사람의 가장 큰 차이는 지식이 아니라 의식이다. 의식이 달라지면 인생이 달라질 수 있다. 필자는 이것을 발견했고 깨달았고 경험했다.

필자가 대학교를 다닐 때 소득과 영어 실력이 비례한다는 이야기를 들어 본 적이 있다. 그런데 그것은 단순히 지식의 격차나 영어 실력의 격차가 소득 격차를 좌우하는 것이라고 생각할 수 없다. 알게 모르게 영어 공부를 더 열심히 하고, 공부를 더 열심히 한 사람은 의식과 사고가 달라질 수 밖에 없기 때문이다. 그래서 그 차이는 바로 의식의 차이에서 비롯되는 것이라고 생각한다.

 20대 때는 모든 것이 정해져버린 그런 시기가 아니다. 모든 가능성이 가장 많이 열려 있는 시기가 바로 20대이다. 이 때 공부를 하여 의식과 사고를 향상시키는 20대들은 좀 더 나은 인생을 선택 할 수 있게 된다.

 공부를 통해 우리가 바꿀 수 있는 것은 지식이 아니라 의식인 것이다. 지식은 몇 개월만 지나면 잊어버리게 된다. 그리고 지식은 의식보다 결정적으로 무가치하다. 아는 것은 힘이 아니다.

 구슬이 서 말이라도 꿰어야 보배가 되듯, 지식이 있다면 그것을 꿸 수 있는 뭔가가 있어야 한다. 그런데 바로 그것이 '의식' 인 것이다. 20세기 최고의 과학자였던 알버트 아인슈타인이 '지식보다 상상력이 더 중요하다' 라고 말한 것도 이와 다르지 않다.

상상력이 좋다는 것은 결국 남들이 생각하지 못 하는 새로운 것들을 자꾸 생각해 내는 힘이 있다는 것이다. 결국 이것은 사고력이 뛰어나다고 할 수 있는데, 이런 사고력이 궁극적으로는 의식에서 비롯된다고 할 수 있다.

긍정적인 생각을 하는 사람은 긍정적인 의식을 강하게 그리고 많이 가지고 있기 때문에 그렇다. 그래서 부정적인 의식이 강한 사람은 무엇을 해도 좀처럼 성공하기 힘든 것도 바로 이 때문이다. 부정적인 의식이 강한 사람은 부정적인 사고방식에 사로 잡혀 매사가 모두 부정적이기 때문에 자연스럽게 행동이 움츠러들고 혼신을 다해 무엇인가를 하는 것이 그토록 힘든 이유 인 것이다.

우리가 무엇인가를 할 때 혼신을 다할 수 있는 이유 중에 하나는 그 일이 반드시 성공하게 될 것이라고 믿기 때문이다. 아무리 능력이 출중한 사람이라도 그 일이 성공할 것 같지 않다면 어떻게 혼신의 힘을 다해 몇 년 혹은 몇 십 년을 할 수 있을 까? 심지어 목숨을 걸어야 하는 경우 어떻게 목숨을 걸고 자신의 인생을 걸 수 있을 까?

이런 점에서 의식은 매우 중요한 것이라고 할 수 있는

것이다. 이러한 의식이 달라질 수 있게 해 주는 것은 공부와 여행뿐이라고 필자는 생각한다. 일상의 경험은 너무 미비한 영향을 주기 때문에 대부분의 사람들이 평생 일상의 경험을 하면서 살지만 인생이 어제와 별반 다를 바 없이 살아가는 것이다.

로버트 콜리어의 [나를 부자로 만드는 생각(원제: Be Rich)]에도 이러한 사실에 대해 잘 말해 주고 있다. 이 책에서 로버트 콜리어는 성공과 실패는 이미 당신 안에 정해져 있기 때문에, 마음속에 소망하는 형상을 선명하게 그리고 이미 이루어졌다고 믿으면, 마음속의 형상이 현실이 될 것이라고 주장한다.

" 성공하기 위해 아무리 열심히 일을 할지라도, 막상 당신의 생각이 실패에 대한 두려움으로 젖어 있다면, 모든 수고는 물거품이 될 것이고, 모든 노력도 허사로 돌아갈 것이며, 결국 성공은 불가능한 일이 되어버릴 것이다. "   < 로버트 콜리어, [나를 부자로 만드는 생각], 179쪽 >

부정적인 의식에 사로 잡혀 있는 사람은 항상 실패에

대한 두려움에 더 심하게 젖어 있는 사람이라고 할 수 있다. 의식을 바꾸기 위해 진짜 공부를 해야 한다. 진짜 공부를 통해 무엇보다 의식과 사고를 급격하게 바꿀 수 있다.

진짜 고수는 공부로 만들어진다.

인생을 살아가는 데 진짜 고수들은 공부로 만들어진다는 사실을 명심하자. 공부를 통해 인생의 진짜 고수가 된 사람으로 필자는 반기문 총장과 버락 오바마 대통령을 들고 싶다. 이 두 사람은 세계에서 가장 영향력 있는 인물 중 한 명이었다.

특히 반기문 총장은 세계에서 가장 유명한 한국인이었다. 한때 가수 싸이가 유명해지기 전에는 말이다.

물론 20대 때 지독한 공부와 치열한 공부를 통해 성공하지 않고, 다른 것들로 인해 크게 성공한 사람들도 있다. 가수 싸이, 서태지, 김연아 선수, 박 세리 등과 같은 이들이 바로 이런 유형의 성공한 사람들이라고 할 수 있다.

하지만 이런 유형의 사람들은 대부분 가수나 선수들이다. 그리고 우리가 간과해서는 안 되는 사실 중에 하나는 이들은 보통 사람들이 치열하게 공부하는 것 몇십 배 혹은 몇백 배 더 지독하고 치열하게 연습을 하고 훈련을 했다는 사실이다.

세상에 공짜는 없다.

특별히 자신이 가수와 배우 등과 같은 연예인이나 어떤 분야의 스포츠 선수가 되는 것이 목표가 아니라면, 즉 그 외의 모든 분야의 사라들은 반드시 지독한 공부를 20대 때 해야 한다. 진짜 인생의 고수는 버락 오바마처럼, 반기문 UN 총장처럼 지독한 공부를 통해 만들어지기 때문이다.

진짜 고수는 태어나는 것이 아니라 스스로 공부를 통해 만들어 가야 한다는 사실을 명심하자. 공부를 통해 자신을 위대한 인물로 만들어간 인물 중에 또 다른 사람은 링컨 대통령일 것이다.

버락 오바마 대통령은 세계에서 가장 영향력 있는 인물 1위이기도 하다. 그런데 그는 공부의 중요성을 누구보다 잘 알고 있다. 그래서 외형적으로 보이는 한국 학생들의 공부 모습을 언급하기도 했다. 하지만 더 중요한 것은 학교 성적이나 졸업, 혹은 취업이나 진학을 위한 시험공부가 아니라, 진정 인생의 고수가 될 수 있는 진짜 공부일 것이다.

영국의 천재적인 사상가로 유명한 존 스튜어트 밀의 일생을 살펴보면 진짜 공부가 어떤 것인지를 알 수 있게 된다.

그의 삶을 통해 우리는 두 가지 놀라운 사실을 발견할 수 있다.

우리를 놀라게 하는 사실 중 하나는 인류 역사상 머리가 가장 좋은 사람들을 손꼽는다면, 그중 한 명으로 꼽힐 만큼 천재적인 두뇌의 존 스튜어트 밀도 처음에는 평범한 지능의 평범한 사람이었다는 사실이다.

그리고 두 번째 사실은 공부를 통해 둔재가 천재로, 진정한 고수로 도약할 수 있다는 사실이다. 그리고 여기서 간과해서는 안 될 사실은 그가 공부를 시작한 시기가 남들보다 매우 빨랐다는 사실이다.

다시 말해 남들보다 빨리 시작하는 것이 그만큼 더 많은 유익한 점이 있다는 사실일 것이다. 존 스튜어트 밀도 자신의 자서전에 이러한 사실에 대해 다음과 같이 언급한 적이 있다.

" 내가 만약에 무슨 일을 해낼 수 있었다면 그것은 운이 좋은 것도 있지만, 내가 아버지로부터 받은 초기 훈련의 모든 것을 통해 같은 내 또래의 사람들보다 4분의 1세기 빨리 출발했다는 사실 덕택이라 해도 과언이 아니다."
(존 스튜어트 밀, 《존 스튜어트 밀 자서전》, 범우사, p.36)

 20대들이 공부에 제대로 미쳐야 하는 이유도 여기에 있다. 필자는 40이 다 되어 공부에 제대로 미쳤다. 그 덕분에 지금 유명 작가가 되어 가고 있다. 공부를 포기하지 않고 지독하게 한다면 충분히 가능할 것이다. 하지만 만약에 20대 때 공부에 제대로 미쳤다면 아마 지금쯤은 지금 필자의 상황보다 몇 십 배는 더 나은 삶을 살아가고 있었을 것이다.

 진짜 공부를 하기 위해서는 그렇다면 무엇이 필요한가? 한 마디로 열망이다. 공부에 대한 진정한 열망이 있어야 한다. 40대가 다 되어 공부에 제대로 미칠 수 있었던 것은 인생을 살아 보니 공부가 아니고서는 진짜 인생 고수가 될 수 있는 길이 거의 없었기 때문이다. 그래서 공부에 대한 열망이 40이 다 되어 찾을 수 있게 되었던 것이다.

 20대에 공부에 대한 열망을 가질 수 있고 찾을 수 있다면 그것보다 더 좋은 행운은 없을 것이다. 진짜 공부에 제대로 미치기 위해 가장 중요한 것은 스스로 공부에 대한 열망을 깨우고 찾아야 한다.

 자기 안에서 공부에 대한 진정한 열망을 발견하지 못 한다면 공부에 제대로 미칠 수가 없다. 그렇게 되면 다른 사람을 통해서 아무리 노력해도 참 된 공부를 한다는 것은 기대할 수 없는 일이다. 공부에 대한 열망을 깨울 수 있는 사람은 바로 자신뿐이기 때문이다. 열망이 없다면 잠시 공부를 할 수 있고, 다양한 지식을 습득할 수는 있다 해도, 인생 고수가 될 만큼 자신의 삶에 큰 도움을 얻을 수는 없게 된다.

 진짜 인생 고수가 되고 싶다면 공부에 제대로 미쳐야 한다. 그리고 공부에 제대로 미치고자 한다면 자기 안에 숨겨져 있는, 단 한 번도 발견된 적이 없는 공부에 대한 열망을 찾아야 한다.

생각하고 행동하고 스스로 공부하라

" 사람들은 이따금씩 내게 성공 비결이나 꿈을 실현시킬 수 있는 방법을 물어오곤 한다. 대답은 아주 간단하다. '스스로 해 보라' "   < <월트 디즈니의 [꿈을 이루어주는 월트 디즈니 메시지] 중에서 17쪽 >

공부에 제대로 미친 사람은 반드시 실천을 해야 하고, 또한 생각을 해야 한다. 즉 참 된 공부를 생각하는 것과 행동하는 것이 반드시 뒤 따라와야 한다. 그렇지 않으면 참 된 공부가 될 수 없다.

그런 점에서 생각과 행동으로 이어지는 공부가 참 된 공부라고 생각하는 것이다. 공부를 한다고 말하는 사람이 있지만, 지식이나 정보의 습득에만 치중하여 생각이나 행동이 전혀 달라지지 않는 사람은 내가 볼 때 진짜 공부를 하는 사람은 아니다.

위대함을 이루는 진짜 공부는 성공하기 위해 하는 공부나, 타인과의 경쟁에서 이기기 위해 하는 공부와 질적으로 달라야 한다.

학교 공부의 궁극적인 목표는 좋은 성적을 얻고, 좋은 대학을 가고, 좋은 직장을 얻고, 성공을 하는 것이라고 할 수 있다. 하지만 진짜 공부는 성공을 넘어 자기 자신을 위대한 존재로 도약시켜 주는 공부이다.

바로 이렇기 때문에 진짜 공부는 생각하고 행동하는 공부여야 한다.

돈 많이 벌려고 재테크 서적만 구입하거나 빌려서 보는 사람들이 있다. 다른 인문학 책이나 철학 책은 절대 보지 않고, 재테크 책만 보는 사람들이 있다. 이런 사람들이 하는 행위를 진짜 공부라고 할 수 없다.

이러한 공부는 돈을 벌기 위해 익히는 기술에 불과한 것이기 때문이다. 진짜 공부는 생각과 행동이 바뀌는 그런 공부여야 하고, 생각과 행동이 뒤따라와야 하는 그런 공부여야 한다.

20세기 최고의 지성으로 평가받는 이반 일리히는 자신의 대표작인 [학교 없는 사회]란 책에서 이렇게 말했다.

' 학교는 사람들을 체계적으로, 그리고 근본적으로 노예로 만든다.'

 사람들을 노예로 만든다는 것은 무엇일까? 그것은 바로 스스로 공부하지 못 하게 만든다는 말이다. 그리고 그것은 삶의 모든 생활과 노동과 여가, 가정생활 등이 모두 공부가 되는 것을 포기하도록 만든다는 말이다.

 자격증이나 학벌을 위해서 공부하게 하고, 경쟁을 강요하게 하는 공부는 진짜 공부가 아니다. 진짜 공부는 체계적으로 근본적으로 일생동안 경쟁의 노예가 되게 하는 공부가 아니다.

 진짜 공부는 스스로 생각하고 행동하고 스스로 성장해 나가는 공부여야 한다. 그러한 공부는 자격증이나 학벌과는 전혀 상관없는 공부여야 한다. 특히 경쟁이나 사회 시스템을 초월하고 벗어나는 공부여야 한다.

 공부란 눈앞의 실리를 따라가는 것과는 정반대의 성격을 가져야 한다. 공부의 본질은 성공이나 부의 추구가 아니라 진실에 대한 진리 추구와 위대함에 대한 참된 인생의 추구여야 하기 때문이다.

그렇기 때문에 스스로 생각하고 행동하고 스스로 하는 공부가 필요한 것이다. 인생의 주인이 되게 하는 공부가 바로 진짜 공부인 것이다. 다시 말해 공부는 무엇보다 노예가 아닌 자유인으로 평생 살아가기 위한 수단이어야 한다. 그런 점에서 공부는 자유에의 도정이어야 한다.

사회 시스템과 경쟁, 자본과 권력, 성공과 명예, 나아가 습속의 굴레로부터 벗어나 삶의 새로운 가능성을 탐색하고, 자신을 위대한 존재로 성장시키고, 참 된 인생을 주인으로 살아갈 수 있게 해 주어야 비로소 진짜 공부를 하고 있다고 말할 수 있을 것이다.

삶의 새로운 가능성을 탐색할 수 있게 해 주어야 그것이 진짜 공부인 것이다. 그래서 자신의 인생이 어제와 달라지고, 어제의 자신에서 벗어날 수 있게 해 주는 것이 바로 진짜 공부인 것이다.

변혁의 시대 믿을 것은 공부뿐이다.

[지혜를 갖추고 상대를 압도(壓倒)하라]라는 책을 보면 아주 재미있지만 많은 것을 생각해 보게 하는 대목을 접할 수 있다.

" 진정 현명한 사람은 감사한 사람 대신 필요한 사람이 되려 한다. 존재의 필요성은 세속적인 감사의 말보다 훨씬 가치 있다. 누군가에게 필요한 존재는 그의 마음속에 영원히 남지만, 감사의 말 한마디는 결국 시간 속에 흩어져 버리기 때문이다."   < 발타자르 그라시안, [지혜를 갖추고 상대를 압도하라], 16쪽 >

이 대목에서 필자는 충격을 받았다. 누군가로부터 감사한 존재가 되는 것은 매우 기분 좋은 일이고 행복한 일이다. 그런데 감사한 존재보다 꼭 필요한 사람이 되는 것이 더 현명한 것이라고 말하고 있기 때문이다.

왜 감사한 존재보다 필요한 존재가 더 현명한 것일까?

그 이유에 대해서 이 책의 저자이기도 한 발타자르 그라

시안은 재미있는 이야기를 통해 그 이유를 설명해 준다. 바로 감사한 존재는 쉽게 잊혀지고, 있으나 마나한 존재로 전락하지만, 필요한 존재는 쉽게 잊혀지지도 않고, 있으나 마나한 존재로 전락하지도 않기 때문이라는 것이다.

토사구팽(兎死狗烹)이라는 고사 성어처럼 감사한 존재는 언제든지 필요가 없어졌을 때 버림을 받게 되고 잊혀지게 된다는 것이다. 하지만 공부를 통해 자신을 꼭 필요한 존재로 만들어 나가는 사람은 항상 자신의 공부 때문에 세상이 그를 필요로 한다.

20대부터 꾸준히 공부를 해야 하는 이유가 바로 여기에 있다. 직장을 다니면서 기발한 아이디어와 독창성으로 좋은 프로젝트를 하고 성공을 하여 큰 수익을 회사에 안겨 주어 회사로부터 보상을 받는 것은 일시적인 것이다.

조금만 지나면 아무도 그것을 기억해 주지 않는 다. 토사구팽처럼 새로운 인재들이 많이 들어오면 저절로 회사를 떠나야 한다. 그 때 당신이 믿을 수 있는 것은 공부뿐이다.

" 나는 계속 나를 배우면서 나를 갖추어 나간다. 언젠가는 나에게도 기회가 찾아 올 것이다. "

링컨은 자신의 이 말대로 평생 공부를 하면서 자신을 갖추어 나간 인물이었다. 특히 20대를 전후한 시절에는 누구보다 더 치열하게 공부를 했던 인물이다. 그가 남들보다 더 지독한 공부를 한 결과 그는 인생 후반기에 대통령이라는 최고의 자리에 오를 수 있게 되었던 것이라고 말해도 절대 과언이 아닐 것이다.

지금은 광속 변화의 시대라고 한다. 미국의 100대 기업 중에서 40%가 100대 기업의 자리에서 사라졌기 때문이다. 2000년대 중반까지도 세계 PC 시장 1위은 델이었다. 하지만 10년도 안 되어 지금은 3위 자리로 밀려났다.

2009년까지만 해도 전 세계적으로 사용되는 스마트폰 중에서 반에 약간 못 미치는 40%가 노키아의 스마트폰이었다. 하지만 지금은 5%대로 추락했다.

이러한 광속 변화의 시대에 믿을 수 있는 것은 '진짜 공부' 뿐이다. 진정한 힘은 부와 성공이 아니다. 부와 성공은 결과물이며 부산물일 뿐이다. 진정한 힘은 '진짜 공부'이다.

 진짜 공부를 통해 성장하고 도약하여 자신을 탁월하게 만들어야 한다. 당신의 미래는 오늘 어떤 공부를 하느냐에 따라 엄청나게 달라진다. 특히 20대에 진짜 공부를 한 사람과 그렇지 못한 사람은 전혀 다른 세상을 만나게 될 것이다.

 진짜 공부는 정직하고 무서울 만큼 정확하다. 당신이 한 만큼, 노력한 만큼, 투자한 만큼 당신에게 정확히 보상해 준다. 그렇기 때문에 인생의 첫 시작이라고 할 수 있는 20대에 반드시 미쳐야 할 것이 있다면 그것이 바로 '진짜 공부'인 것이다.

 [희망의 인문학]으로 유명한 얼 쇼리스는 빈민들이 겪는 박탈감과 무기력, 생활고를 근본적으로 해결해 주기 위해서 그저 재활 교육이나 직업 교육을 시켜 주는 것에 대해 반대했다. 그는 그들에게 필요한 것, 즉 그들이 다시 자신의 인생을 회복시키고 성공적으로 살아갈 힘이 되어 주는 것은 '인문학 공부'라고 생각했고, 그것을

실천에 옮겼던 것이다.

 그 결과 '인문학 공부'는 빈민들에게 인간다운 삶에 대한 갈망을 불러일으켰고, 이러한 갈망은 자연스럽게 박탈감과 무기력에서 벗어나게 해 주었을 뿐만 아니라 참 된 인생을 살아갈 수 있는 진짜 힘을 제공해 주었던 것이다.

 진짜 인생을 살아갈 힘은 재활 교육이나 직업과 관련된 직업 교육이 아니라 진짜 공부였던 것이다. 얼 쇼리스는 다음과 같이 말 했다.

 " 고대 그리스 사회의 비범함은 인간이 예술, 문학, 수사학, 철학 그리고 자유라고 하는 독특한 개념으로 자신의 인간됨을 인식함으로써 자신을 재창조했다는 데 있다."

 자신의 삶과 인간을 제대로 성찰하고 인식하게 해 주고, 새로운 삶에 대한 가능성을 탐색하며, 새로운 인생을 창조해 나갈 수 있게 해 주는 것은 돈이나 성공이 아니라 '진짜 공부' 이다.

변혁의 시대에 실패하거나 평범한 인생을 살아가는 이유는 성실하지 않아서가 아니라 공부하지 않아서이다 아무리 열심히 일을 하고, 그로 인해 그 일이 성공을 한다 해도 그러한 성공이 당신의 인생을 평생 책임져 주는 것은 아니다.

당신의 인생을 책임져 주는 것은 당신이 20대 때 치열하게 했던 공부뿐이다. 그 어떤 직장도, 그 어떤 학벌도, 그 어떤 인맥도 변혁의 시대에 믿을 수 없다. 그렇기 때문에 그것에 기대해서는 안 된다.

필사적으로 30대와 40대 일을 한다고 해도 그것이 성공과 생존을 보장해 주지 않는 다. 그 때는 누구나 절박하기 때문에, 너무 많은 이들이, 거의 모든 30대와 40대가 그렇게 일을 하고, 열심히 살아간다.

하지만 20대 때는 다르다. 학생이라는 명분으로 청춘을 즐기기도 하고, 군인이라는 명분으로 공부와 거리를 두기도 한다. 또 어떤 이들은 생활 형편 때문에 아르바이트에 목숨을 걸고 열심히 아르바이트를 하면서 아까운 20대를 다 보내기도 한다.

당장 눈앞에 돈 몇 푼이 생기면 마음에 여유가 생기고 좋다. 하지만 긴 인생을 내다본다면 20대 때 다른 무엇을 하는 것보다 진짜 공부에 미치는 것이 몇 백 배 더 유익하고 좋은 것이다.

 자기만족에 그치는 공부보다는 자신을 위대하게 만들어주는 그런 진짜 공부를 해야 한다. 변혁의 시대에 생존과 성공을 보장해 주는 것은 그런 진짜 공부뿐이기 때문이다.

보이는 스펙보다 보이지 않는 공부가 더 중요하다.

 고학력이 결코 사회에서의 성공을 보장해 주지 않는 다. 엄청난 스펙을 가지고 있다고 해서 그것이 평생의 성공과 생존을 의미하는 것은 아니다.

 물론 과거에는 고학력이 곧 인생의 성공과 생존을 보장해 주었다. 그리고 그 때는 지금과 달리 '학력 사회'였다. 그리고 그 때는 평생직장이라는 말이 있을 정도로 평생 똑같은 회사를 다녔다.

 변화가 적었던 그 시대에는 한 가지 자격증만 있으면 평생 먹고 살 수 있었다. 하지만 지금은 평생직장이라는 말이 없어졌다. 30대 후반에서 40대 초반에 힘들게 입사한 회사에서 나와야 한다.

 회사가 나가라고 하기 전에 그냥 나오는 사람들이 적지 않다. 더 이상 아무 희망이나 미래가 보이지 않기 때문이다. 그만큼 경쟁이 더 심해졌고, 세상은 더 빨리 변해가고 있기 때문이다.

그런데 이렇게 변화가 심한 시대, 즉 변혁의 시대에 20대 때 힘들게 만들고 쌓아올린 스펙이 무용지물이 된다는 사실을 알아야 한다.

토익 몇 점을 받고, 몇 개 외국어 스피킹 자격증을 가지고 있고, 어떤 분야의 기술사 자격증을 가지고 있는 사람은 그런 스펙을 통해 몇 번 취직이나 승진을 할 수 있을지 몰라도 그 이상은 바랄 수 없기 때문이다.

오히려 눈에 보이는 그런 스펙보다는 눈에 보이지 않지만 인문학 공부를 통해 인문학적 소양을 갖추고 있는 사람은 평생 무엇을 해도 남다르게 할 수 있고, 남다른 생각을 해 낼 수 있는 그런 창조적 사람으로 남게 된다.

누가 더 성공할 것 같은가? 성공의 절대 법칙은 '남보다 잘 하는 것이 아니라 남과 다른 것을 생각해 내고 할 수 있어야 한다는 것'이다. 그렇다면 스펙 쌓기는 남보다 잘 해서 얻는 것이다. 그러한 스펙을 쌓는 사람들은 이미 수천 명, 수만 명이 넘기 때문이다.

뿐만 아니라 당신이 힘들게 취득한 자격증의 유효 기간

은 날이 갈수록 짧아진다는 것이다. 여기서 유효 기간은 실제적으로 존재하는 유효 기간이 아니라 그 자격증으로 무엇인가를 할 수 있는 자격증의 쓰임새가 조금이라도 남아있는 가상의 기간을 말한다.

 보이지 않지만 진짜 공부를 하는 사람들이 성공하게 되는 이유는 대부분의 사람들이 스펙 쌓기와 같은 가짜 공부를 하기 때문이다. 진짜 공부를 하는 사람들은 스펙 쌓기 공부를 하는 사람들과 다른 생각과 의식을 가지고 있기 때문이다.

 스펙을 아무리 쌓아도 평범함에서 벗어난 인생을 살 수 없다는 사실은 또한 간과해서는 안 되는 사실이다.

 어느 날 쥐들이 모여서 쥐들끼리 경주를 했다. 죽기 살기로 달려서 어떤 쥐가 1등을 했다. 그것도 엄청난 차이를 2등하고 만들면서 말이다. 그런데 이 쥐 경주에서 가장 큰 문제가 무엇일까?

 그것은 아무리 1등을 수 십 번, 수 백 번 해도 여전히 쥐는 쥐일 뿐, 고양이가 될 수 없다는 사실이다.

스펙 쌓기가 바로 이런 쥐들의 경주와 다를 바 없다는 사실을 당신은 알고 있는가? 아무리 스펙 쌓기를 잘 해서 화려한 스펙을 가지고 있다고 해도 당신은 여전히 평범한 사람이라는 것이다.

 돈을 아무리 많이 벌고, 성공한다 해도 당신은 여전히 평범한 성공한 사람일 뿐이다. 위대하다는 것, 위대한 인생, 위대함은 공부가 아니고서는 절대 성취해 낼 수 없는 것이다. 그것이 20대인 당신이 진짜 공부에 미쳐야 하는 이유인 것이다.

프로와 아마추어는 진짜 공부에서 결정된다.

 당신의 미래는 오늘 무엇을 공부하느냐에 따라 달라진다. 모든 것이 뒤죽박죽되는 그런 시대에 당신은 살고 있다. 한 마디로 변혁의 시대를 넘어서 혼란의 시대라고 말하고 싶다. 이런 시대에 사회가 필요로 하는 프로는 어떤 사람일까?

 한 마디로 남들이 생각해 내지 못 하는 것을 생각해 낼 수 있고, 남들이 못 보는 문제의 핵심을 꿰뚫어 보고 해결책을 턱 하게 내 놓을 줄 아는 사람이다.

 이런 사람들은 스펙 쌓기를 통해 고학력, 고스펙을 가신 사람들이 절대로 아니다. 고스펙, 고학력자들은 시대가 흐를수록 더욱 더 찬밥 신세를 면치 못하게 된다. 그들은 자신이 가진 고학력, 고스펙을 믿고, 그것을 의지하여 독하게 공부할 필요를 느끼지 못하기 때문에 나태해 질 수 밖에 없는 그런 유혹에서 벗어나기 힘들다.

 반면에 아무것도 가진 것이 없는 사람들은 절박한 심정으로 20대 때 지독한 공부를 하게 된다. 한 마디로 끝없이 배우고 공부하는 사람이 된다. 바로 이렇게 끝없이 배우고 지독한 공부를 하는 사람만이 새로운 시대에 성공할 수 있는 그런 인재들이며 프로인 것이다.

바로 이런 이유에서 당신의 인생은 현재 당신이 어떤 공부를 하느냐에 따라 달라진다.

문제는 겨우 스펙을 쌓기 위한 공부가 아닌 인생의 위대하게 만들 수 있는 그런 진짜 공부를 해야 부와 성공도 부산물로 얻게 된다는 사실이다. 부와 성공을 위해 공부하면 부와 성공을 얻기 힘들다. 부와 성공은 애당초 목표가 아니기 때문이다.

아마추어들은 부와 성공을 위해 공부를 한다. 그래서 가짜 공부이고, 그래서 부와 성공을 얻지 못한다.

프로는 부와 성공을 위해 공부하지 않는다. 프로는 위대함을 갖추기 위해 공부한다. 그래서 프로는 인생 고수들의 공부이며, 그래서 진짜 공부인 것이다. 그 결과 부와 성공이 목표가 아니지만 부산물로 저절로 이런 것들이 자신의 인생으로 흘러 들어오게 되는 것이다.

그래서 프로는 멋지고 아름다운 것이다. 돈이나 성공을 목표로 일하지 않아도 부족함이 없이 흘러 들어오기에 더욱 더 프로다워지는 것이다.

 이러한 프로는 바로 20대 때 진짜 공부에 미친 사람들만이 될 수 있다. 프로는 아마추어처럼 하기 싫은 공부를 하는 사람들이 아니다. 프로는 공부를 즐기고 공부를 너무 좋아해서 미칠 만큼 몰두하는 사람들이다.

 하기 싫은 공부를 무조건 열심히 하는 것은 하수들, 아마추어들이 하는 방식이다. 프로는, 인생 고수는 공부가 정말 하고 싶어서 하는 사람들이다. 공부에 미친 사람들이기 때문이다. 프로는 의지력을 통해 만들어지는 것이 아니다. 아마추어는 자신의 의지력 때문에 공부를 하지만, 프로는 자신의 즐거움과 기쁨 때문에 공부를 한다.

 아마추어들은 죽었다 깨어나도 절대 깨닫지 못 하는 것이 프로의 공부 세계이다. 프로들은 정말 공부의 참 된 즐거움과 기쁨을 아는 자들이다. 그래서 그들은 더욱 더 공부에 미칠 수 있는 것이다.

' 천재는 노력하는 자를 이길 수 없고, 노력하는 자는 즐기는 자를 이길 수 없다'는 말이 있다. 그리고 이제는 '즐기는 자는 미칠 만큼 좋아해서 그것에 완전하게 미치는 자를 이길 수 없다' 라는 말이 나오고 있는 실정이다.

프로는 한 마디로 미칠 만큼 공부를 좋아해서 공부에 완전하게 미치는 자들이라고 할 수 있다. 이런 자들은 남들이 보지 못하는 문제의 핵심을 꿰뚫어 볼 수 있는 그런 경지에 오르게 된다. 그래서 프로는 프로인 것이다.

공부하지 않는 자는 공부하는 자를 넘을 수 없다.

[연봉 높은 사람들은 20대부터 무엇을 했나?] 라는 책을 보면 아주 재미있는 이야기가 나온다.

40세 이상의 직장인 중에서 연봉이 3배 이상 차이나는 사람들, 즉 연봉이 2억 원인 사람과 연봉이 7,000만원인 사람들 1,000명을 대상으로 직장 생활을 시작한 20대부터 지금까지 공부법, 독서량, 생활과 사고 패턴 등에 대한 설문조사를 실시했다는 이야기이다.

이 이야기의 결과가 매우 충격적이었다.

한 마디로 ' 공부를 2배 더 하면 연봉은 3배 차이가 난다.' 라는 말이었다. 필자는 이것이 잘못되었다고 생각한다. 실제로 보면 공부를 2배만 더 하면 연봉은 열 배 이상 차이가 쉽게 나기 때문이다.

연봉이 높은 사람들은 20대부터 40내가 된 지금까지 꾸준히 공부시간이 연봉이 낮은 사람들보다 2배 정도 더 많았다는 충격적인 사실은 공부가 직접적으로 연봉을 결정짓는 다는 사실에 대한 좋은 근거가 될 것 같다.

 공부를 하기 위해 투자한 시간뿐만 아니라 투자비용도 연봉이 높은 사람들은 그렇지 못 한 사람들보다 두 배 정도 더 많이 투자한다고 한다. 결국 이 세상에는 공짜는 없다. 하지만 공부에 대해 투자하면 투자한 것의 몇 배를 다시 되돌려 받게 된다는 것이다.

 바로 이런 사실에서도 알 수 있듯이 공부하지 않는 사람은 공부하는 사람을 넘을 수 없다는 것이다.

 '공부는 인생 최고의 투자다.'

 진짜 공부는 인생 최고의 투자이며, 재테크이며, 보험이다. 그래서 누구보다도 더 필자가 해 오고 있다. 그 결과 공부하지 않고 그저 열심히 직장 생활하며 누구보다 더 열심히 살았을 때는 부자가 되지 못했고, 성공하지도 못했다.

 이것이 솔직한 필자의 부끄러운 과거였다. 하지만 늦었지만 30대 후반에 진짜 공부를 세상과 단절한 채 3년 동안 했다. 말 그래도 진짜로 세상과 단절하였다. 신문도, 뉴스도, TV도 보지 않았다. 친구들과 전화 연락도 거의 하지 않았다. 명절이 되어 어쩔 수 없이 한두 번 그것도 최소의 친구와 전화 통화 한 두 번 한 것이 고작일 것이다.

3년 동안 세상과 단절하고, 하루 종일 공부를 했다. 그 결과 지금은 누구보다 더 멋진 인생을 살아가고 있고, 평범한 직장인들보다 더 많은 돈을 벌고 있다.

하지만 한 가지 아쉬운 점은 20대 때 이런 진짜 공부를 했더라면, 지금보다 백 배 정도는 더 성공했을 것이고, 더 많은 돈을 벌었을 것이다. 그리고 더 아쉬운 점은 그 때 했더라면 30대를 그렇게 보내지 않았올 것이고, 공부를 그렇게 지독하게 절박하게 처절하게 생활고에 시달리면서 하지 않아도 되었을 것이라는 점이다.

필자가 3년 동안의 지독한 공부를 통해 깨달은 교훈은 한 가지이다.

'공부하지 않는 자는 절대 공부하는 자를 뛰어넘을 수

없다.'라는 것이다.

진짜 공부를 하는 자들은 경쟁 대상이 다른 경쟁자들이 아니다. 자기 자신이다. 하지만 진짜 공부를 하지 않는 자들은 경쟁 상대가 자신이 아니라 타인이기 때문에 항상 타인의 눈치를 봐야 하고, 타인과 자신을 비교해야 한다. 그렇지만 공부하지 않는 자는 절대 공부하는 자들을 넘을 수 없다.

 영어 단어 하나 더 외우고, 상식 하나 더 기억하고, 기술 하나 더 배우는 것은 '진짜 공부'가 아니다. 그런 것들은 쉽게 타인에게 그 자리를 내 주어야 한다. 쉽게 얻은 것은 쉽게 잃게 되는 것이다.

 하지만 지독한 공부로 타인이 절대로 접근할 수 없는 경지에 나가게 되면 그 때부터 경쟁자들은 없어지게 된다. 한 마디로 독보적인 존재가 되는 것이다. 그것이 바로 세스 고딘이 말하는 '린치핀'인 것이다.

 어디에서 무엇을 해도 꼭 필요한 사람이 되는 길은 바로 '진짜 공부'를 하는 것이다. 한 치 앞을 내다 볼 수 없는 격변의 사회, 세계적인 금융 위기와 불황, 그리고 무한 경쟁 시대에 최고의 생존 전략은 '진짜 공부'이다.

본격적인 사회인이 되는 20대 후반과 30대 초반을 준비하기 위해 20대가 해야 할 것은 '진짜 공부'이다. 진짜 공부는 평생 해야 하는 것이다. 하지만 시작은 반드시 20대 때 해야 모든 것이 수월하다. 필자처럼 30대 후반에 진짜 공부를 하는 사람도 있다. 하지만 그 대신 20대 때 시작했더라면 그만큼 고생스럽지는 않았을 것이다.

즉 20대 때 진짜 공부를 하는 것이 30대 후반에 진짜 공부를 시작하는 것보다 몇 배는 더 쉽고 즐겁고 좋다는 것이다. 필자는 절박한 심정으로, 정말 지독하게 남들보다 몇 배 더 고생스럽게 공부를 해야 했다. 하지만 40대라도 진짜 공부를 하게 되면, 결국에는 공부는 그 보상을 해 준다.

그래서 공부한 자는 결코 망하지 않는다. 시기에 상관없이 진짜 공부를 하면 새로운 인생을 개척할 수 있고, 새로운 삶을 살 수 있다. 하지만 20대 시작하는 것이 최고로 좋다. 그렇지만 인생이 조금 보이기 시작하는 40대 때 공부는 또한 그 나름대로의 깊은 공부의 맛을 느낄 수 있다. 이때의 공부는 진정한 인생 공부이다.

20대 때 하는 진짜 공부는 인생 공부라기보다는 비범해지기 위한 공부이고, 자신을 명품으로 만들어 나가기 위한 그런 공부일 것이다.

즉 한 마디로 하자면, '린치핀'이 되는 공부가 바로 20대 때 하는 진짜 공부인 것이다.

세상에 공짜는 없다.

 필자가 좋아하는 말이 '세상에 공짜는 없다'란 말이다. '세상에는 공짜 점심이란 없다'란 말도 거의 같은 말이다. 이 말들을 좋아하는 이유는 내 자신의 마음을 잘 다잡아줄 수 있는 그런 말들이기 때문이다.

특히 공부의 세계는 무서울 정도로 정확하고 공평하다. 그래서 어떤 좋은 배경에서 태어난 사람이더라도 공부는 다른 사람이 대신 해 줄 수 없다는 점에서 천하의 모든 사람에게 가장 공평한 것이라고 할 수 있을 것이다.

 물론 머리가 좋게 타고난 사람들이 있어서 그 사람들은 정말로 남들보다 몇 배 더 적은 노력으로 더 많은 성과를 창출해 내는 것처럼 보인다. 물론 그것은 사실이다. 하지만 더 중요한 사실은 그 사람이 처음부터 그런 천재였던 사람이 아니라는 사실이다.

 한 두 사람을 제외시킨다면 대부분의 사람들은 남들이 알게 모르게 남다른 탁월한 방법으로 지독하게 자신을 훈련시킨 결과 지금의 놀라운 공부 대가의 자리에 오르게 되었다는 점 또한 무시할 수 없다는 것이다.

 모차르트나 빌 게이츠, 심지어 세기의 천재라고 불리는 레오나르도 다빈치와 같은 인물들을 제대로 잘 살펴본다면 이러한 사실에 대해서 쉽게 이해할 수 있게 된다.

 우린 모두 모차르트가 타고난 음악의 신동이라고 생각한다. 그리고 이것이 큰 오해가 아닌 것은 이렇게 세상에 알려졌기 때문이다. 하지만 최근에 그에 대해 연구한 많은 학자들이 모차르트 역시 그렇게 타고난 천재는 아니었다는 사실에 대해 새롭게 주장하기 시작했다는 사실에 대해 주목해 볼 필요가 있을 것이다.
 모차르트의 초창기 작품들은 한 마디로 탁월한 작품이 아니었다. 그리고 이 사실은 그가 처음부터 타고난 음악 신동이라는 세상의 편견을 과감하게 무너뜨리는 사실이 아닐 수 없을 것이다.

 이런 사실에 대해 근거가 되는 전문가의 증언들을 살펴보자.

 " 매우 어린 나이에 작곡을 시도한 것은 대단하지만 어린 아마데우스(모차르트)가 발표한 초기 작품들은 전혀 비범하지 않았다. 사실상, 그의 초기 작품은 단지 다른 유명 작곡가들의 모사에 불과했다. 11세부터 16세까지 작곡한 초기 일곱 개의 피아노 콘체르토 작품들은 "독창성이 거의 없고, 심지어 모차르트가 썼다고 하기도 민망하다."라고 템플 대학의 로버트 와이즈버그는 말했다. 본질적으로 모차르트는 피아노와 다른 악기로 연주하기 위해 다른 이들의 작품을 편곡한 것에 불과하다."

(데이비드 솅크, 《우리 안의 천재성》,
한국방송출판, p.89)

" '돈 조반니' 같은 걸작을 작곡한다는 것은 엄청난 창의력이 아니면 불가능하다. 모차르트 능력의 원천은 단지 신이 내린 듯한 유전자 때문이 아니라 소바심 내지 않고 끊임없이 노력하면서 오랜 시간 동안 피나는 연습을 했음으로써 이루어졌다는 것이다. 그의 아버지는 그에게 악기 연습을 정말 많은 시간 동안 시켰다.

"모차르트의 능력이 대부분의 일반인보다 월등히 뛰어나다는 사실은 논쟁할 필요도 없습니다. 하지만 간과할 수 없는 것은 그가 다른 사람과 다르게 태어났다고, 원칙적으로 다른 부류라고 선을 그어 놓고 그가 노력도 없이 원래부터 천재라고 생각하는 인식은 어리석다는 겁니다." "

(베르너 지퍼, 《재능의 탄생》, 타임북스, p.62)

한 마디로 세상에는 공짜가 없다는 것이다. 음악의 천재가 되고, 최고의 작곡가가 되고 싶다면 남들보다 더 먼저, 더 많이, 더 치열하게, 더 지독하게 연습과 훈련을 하는 길밖에 없다.

공부의 경우에는 더욱 더 이러한 사실이 정확하게 들어맞는 것이다. [단단한 공부]의 저자인 윌리엄 암스트롱은 자신의 저서를 통해 공부한다는 것은 결국 고통에 시달리는 것이라는 사실을 정확하게 언급하고 있음을 알 수 있다.

" 새것을 배운다는 것은 곧 관성적인 편안함에서 벗어난다는 의미다. 새로운 정보가 낯설고 어려울수록 지금의 편안한 마음은 불편해질 것이다. 새로운 정보를 습득하려고 서두르면 마음의 평온이 깨어지기도 하고, 새것을 익히고 숙달하는 과정에서 고통에 시달릴 수도 있다."

< 윌리엄 암스트롱, [단단한 공부], 15쪽 >

 하지만 실망할 필요는 없다. 고통이 있을 때 기쁨과 즐거움도 함께 있기 때문이다. 러너스 하이라는 말을 알 것이다. 사람이 달리기를 할 때 30분 전후로 죽을 것 같은 고통을 참아낸 후에는 엄청나게 기분 좋은 느낌을 느끼게 된다. 마치 구름 위를 걸어 다니는 것과 같은 그런 기분 말이다.

 이러한 러너스 하이(Runners' High)는 캘리포니아대 심리학자인 아놀드 J 맨델 교수에 의해서 처음으로 소개 되었다. 그가 발표한 정신과학 논문 '세컨드 윈드(Second Wind)'라는 논문을 토대로 볼 때, 이 상태는 헤로인이나 모르핀을 투약했을 때 인간이 느끼는 쾌감 상태와 거의 비슷한 수준이라고 한다.

 최근에는 이 상태가 마리화나를 피울 때의 쾌감과 똑같다는 연구결과도 나왔다. 이러한 쾌감 때문에 달리기에 중독된 사람들은 비가 오면 우산을 들고 달리기를 하기도 하는 것이다.

하지만 여기서 간과해서는 안 될 사실이 하나 있다. 30분 정도는 고통을 이겨내며 달려야 쾌감을 느낄 수 있는 러너스 하이 상태를 만나게 된다는 것이다. 즉 세상에 공짜는 없다는 것이다.

공부도 이와 다르지 않다. 공부도 힘들고 고통스럽다고 하지만 어느 정도 하다가 그것에 몰입하게 되면 공부만큼 재미있고 즐거운 것도 없다는 것을 느끼게 되는 지점에 이르게 된다. 필자는 이것을 '러너스 하이(Learners' High) ; 공부하는 사람들의 쾌감' 라고 부르고 싶다.

세상에는 공짜는 없다. 하지만 어느 정도 숙달이 되면 즐거워지고 쉬워지고 편안해 진다. 스키를 처음 배울 때는 정말 힘들고 많이 넘어지고 스키의 제 맛을 즐길 수 없다. 스키 타는 법을 모르기 때문이다.

하지만 여기에 반전이 있다. 스키 타는 법을 완전하게 배워서 상급자 수준이 되면 그 때부터 진정 초급자들은 상상도 하지 못 하는 스키의 제 맛을 즐길 수 있게 된다. 필자가 바로.이런 경우를 경험해 봤다.

처음 스키를 배울 때는 스키가 재미없었고, 힘만 들고 고통스러웠다.

' 왜 이렇게 긴 스키를 타고 힘들게 스키를 배우는 것일까? '

 이렇게 의구심을 가지기도 했다. 그러다가 몇 개월 후 중급자가 되고, 또 몇 개월 후 상급자가 되자 전혀 다른 세상이 펼쳐졌던 것이다. 초급자일 때는 한 번도 올라와 보지 못 했던 스키장의 최정상에 올라올 수 있게 되었고, 그 때 그 경치는 한 마디로 최고였다.

 뿐만 아니라 상급자가 되면 경쟁자가 적기 때문에 슬로프에 사람들이 적어서 정말 혼자서 스키장을 빌린 것이 아닌가 하는 착각을 하기도 한다. 그 만큼 모든 것이 환상적으로 바뀐다는 것이다.

 스키장에 가보면 초급자 코스일수록 사람들이 북적대고 사람들이 많고 슬로프도 좁고 올라가기 위해서는 오래 줄 서서 기다려야 한다. 처음부터 끝까지 힘들다. 하지만 상급자가 될수록 처음부터 끝까지 모든 것이 달라지고 좋아진다.

 공부도 이와 다르지 않다. 공부하는 법을 제대로 배워서, 공부에 제대로 미칠 수 있게 되면 그 때부터 공부는 힘든 것이 아니라 즐거운 것이 된다.

 [논어(論語)]의 첫 머리에 나오는 '배우고 때로 익히면 기쁘지 아니한가.' 란 말을 통해 공자 역시 공부를 즐긴 진정한 공부의 대가였음을 미루어 짐작할 수 있게 해 주는 구절이 나온다. 공자도 처음부터 공부를 진정 즐길 수 있었던 것은 아니었을 것이라고 나는 생각한다. 공부의 방법을 제대로 익히고, 숙달이 되어야 공부에 제대로 미칠 수 있다고 생각하기 때문이다.

" 공부를 그저 出世의 수단으로 여겨서는 공부도 잃고 나도 잃는다. 사업을 단지 돈벌이의 방편으로만 생각하면 사업도 잃고 나도 잃는다." <다산 정약용>

" 배우는데 가장 어려운 것은 배워야 한다는 것을 배우는 것이다. "

제2장. 진짜 공부는 인생의 가장 큰 특권이다.

" 인생은 짧지만 지식은 길다. 기회는 순식간에 지나가는데, 경험은 믿을 수 없고 판단은 어렵기만 하다."

< 히포크라테스 >

" 모든 것의 시작은 위험하다. 그러나 무엇을 막론하고, 시작하지 않으면 아무것도 시작되지 않는다."

< 프리드리히 니체 >

" 장엄한 바다로 뛰어들어서 물속 깊이 들어가 멀리 헤엄쳐 나가라. 그러면 자존감과 새로운 힘과 과거에 그냥 지나쳐버렸던 경험을 갖고 돌아오게 될 것이다."

< 랄프 왈도 에머슨 >

진짜 공부를 하지 않는 것은 인생에서 가장 큰 손해다.

 진짜 공부는 해 두기만 하면 절대로 그 효과가 사라지지 않는 확실한 자산이 되는 행동이다. 그런 점에서 진짜 공부하는 것은 20대 청춘에게만 부여되는 축복이다. 그렇기 때문에 20대 때 진짜 공부를 하지 않는다는 것은 인생에서 가장 큰 기회를 낭비하는 것과 다름없다.

 40대 때 공부는 인생을 알게 되고, 인생의 참맛을 깨닫게 되는 진정한 인생 공부를 할 수 있는 시기이다. 그리고 20대 때 공부는 자신을 진정한 '린치핀'으로 만들 수 있는, 즉 명품으로 만들고, 자신을 비범한 존재로 만들 수 있는 그런 명품 공부라고 할 수 있다.

 그 나이에 맞는 공부가 있다. 이러한 명품 공부는 40대 때 하기는 힘들다. 그런 점에서 20대 때 공부는 20대 때가 아니면 할 수 없는 공부이다. 그런 점에서 20대 진짜 공부를 하는 것은 어쩌면 큰 행운인지도 모른다.

 10대 공부는 아무것도 모를 때 하는 공부이고, 그래서 겨우 성적을 위한 공부나 대학 입시를 위한 공부가 가장 큰 비중을 차지하게 된다. 그리고 이 때 공부는 누구나 한다.

30대 때 공부는 사회에 정식으로 진출하여 정신없이 일을 하고, 사회를 배울 때 하는 공부라고 할 수 있다. 이때는 솔직히 공부에 미칠 수 있는 시간이 부족하다. 인생에서 가장 큰 취업과 첫 사회생활, 그리고 결혼, 출산 등과 같은 큰 일을 대부분 하는 시기이기 때문에 오롯이 공부에 미칠 수 없는 그런 시기라고 할 수 있다.

40대 때 공부는 비로소 인생의 산전수전을 다 겪은 후에, 인생이 조금 보이기 시작하는 가장 젊은 시기이다. 그래서 이 때 공부는 참 된 인생의 진정한 공부이다. 필자는 그렇게 생각한다. 그리고 어떤 점에서 진짜 공부는 이때부터 할 수 있다고 필자는 생각한다. 지금도 이런 생각에는 변함이 없다.

그렇다면 20대 때 공부는 무엇이라는 말인가?

20대 때 공부는 공부에 제대로 미칠 수 있는 최적의 시기이며, 자신을 명품으로 만들 수 있는 최고의 시기라는 것이다. 40대 때 공부는 인생을 알게 되는 최고의 진짜 공부이지만 아무나 쉽게 도전하고 실천할 수 있는 그런 접근성이 용이한 공부가 아니다. 그야 말로 모든 것을 걸고 공부를 해야 한느 그런 공부이다.

그래서 40대 공부는 고위험 고수익(High Risk, High Return) 이라는 원리에서 벗어날 수 없는 그런 공부이다.

하지만 진짜 공부는 저위험 고수익(Low Risk, High Return) 이라는 원리에 가장 어울리는 공부이다. 20대 때는 책임져야 할 가족들이 없고, 가장 밑바닥에서 시작할 수 있고, 자기 자신만 챙기면 되는 그런 자유롭고 어깨가 상대적으로 무겁지 않은 시기이다. 뿐만 아니라 몸과 미음이 젊기 때문에 훨씬 더 치열하게 공부에 모든 에너지를 쏟아 부을 수 있는 그런 시기이다.

그렇기 때문에 이 때 공부하지 않는 것은 인생을 전체적으로 볼 때 매우 큰 낭비라는 것이다.

공부가 어떻게 보면 가장 재미있을 때는 40대와 20대 인생에서 두 번 찾아온다고 생각한다.

40대는 인생이 무엇인지 비로소 조금 알게 되기 때문이고, 20대는 철없던 10대를 지나 진짜 사회인이 되기 직전에 인생에서 가장 자유롭고 뜨거운 시기이기 때문이다.

30대는 20대 보다 열정이 덜 하고, 40대 보다 인생에 대해 경험이 미숙한 시기이다. 그래서 공부는 20대 때와 40대 때 해야 한다.

진짜 공부는 당신을 배반하지 않는다.

이 세상에 공부만큼 확실하게 보상을 받는 것을 필자는 찾아보지 못 했다. 이 세상에서 무엇을 하더라도 그 효과는 점점 사라지게 된다. 하지만 공부는 아니다. 특히 20대 진짜 공부는 아무리 생각해도 그것만큼 확실하고 안전한 투자는 없다.

20대 때 진짜 공부에 미칠 수 있다면, 그 영향은 아마도 평생 갈 것이다. 즉 평생 사라지지 않는 다는 것이다. 당신이 무엇을 하고, 어떤 직종에 종사하게 되더라도 20대 때 했던 진짜 공부는 미래에 지속적으로 가치를 창출 해 줄 것이다.

이시형 박사는 [공부하는 독종이 살아남는다]라는 책을 통해 공부는 돈보다 더 값진 희망과 행복을 만들어 준다는 사실에 대해 다음과 같이 피력한 적이 있다.

" 공부를 할수록 우리의 뇌는 활성화된다. 해마의 신경 세포가 증식되기 때문이다. 새로운 신경 세포는 노화를 방지하고, 젊음과 건강을 유지하게 한다. 공부를 하면 창의력이 함양된다. 이건 상식이다. 그리고 일을 보다 성공적으로 수행할 수 있다. 공부를 하면 주의 집중력, 기억력, 이해력이 좋아져서 궁극적으로는 업무 능률도 향상된다. 그리고 목적 달성에 따르는 성취감, 자부심, 긍지도 함께 온다.

공부는 성공을 낳고, 성공은 성취감과 자신감을 거쳐 행복으로 이러진다. 행복은 우리 삶에 생기와 의욕을 불어넣는다. 공부는 돈보다 값진 희망과 행복을 만든다. 공부는 돈 그 이상이다. "   < 이시형, [공부하는 독종이 살아남는다], 38 ~ 39 쪽 >

공부는 20대 아니라 40대 때 해도 이렇게 좋은 효과를 누릴 수 있다. 하지만 20대 때 좀 더 일찍 시작하면 몇 배 더 큰 이익을 얻게 된다.

땀과 성실함, 그리고 열정과 자신감만 가지고 있는 사람과 남과 다른 진짜 공부를 20대 때 하여서 남과 다른 의식과 문제를 꿰뚫어 볼 수 있는 능력과 새로운 해결책을 만들어 낼 수 있는 그런 창조성을 가지고 있는 사람이 있다면, 그 중에서 누가 더 큰 성공을 하겠는가?

무조건 열심히 하고, 무조건 땀 흘리고, 무조건 뜨거운 열정과 자신감이 있어서 무도한 도전도 서슴없이 도전하는 사람의 성공 확률이 높을 까? 아니면 진짜 공부를 통해 남다른 의식과 사고 능력을 가지고 있고, 남다른 해결 능력과 내공을 갖춘 그런 비범한 존재가 성공할 확률이 높을 까?

두말하면 잔소리일 것이다. 전자는 백 번 시도해서 한 번 성공할 수 있다. 그래서 그것을 자랑할 수 있다. 절대 포기하지 않고 성공할 때 까지 도전하고 또 도전했다고 말이다. 물론 이런 사람들도 대단한 사람임에는 틀림없다. 하지만 이런 사람들보다 더 대단한 사람은 20대 때 진짜 공부에 미칠 수 있는 사람이다.

이런 사람들은 남과 다른 의식과 통찰력을 공부를 통해 갖추었기 때문에 반드시 성공하고, 실패하지 않기 때문이다. 워렌 버핏이나 빌 게이츠 같은 인물들이 이런 종류의 사람들이다. 워렌 버핏은 남다른 의식과 사고력을 가지고 있다. 그가 세계적인 투자가가 되고, 세계 최고의 부자가 될 수 있었던 것은 바로 그가 젊었을 때 누구보다 더 지독한 공부를 했기 때문이다.

빌 게이츠 역시 20대 때 대학 졸업을 위한 공부를 포기하고, 중퇴를 하고, 진짜 공부를 했던 것이다. 그 결과 그는 세계 최고의 부자가 될 수 있었고, 오랫동안 큰 실패 없이 승승장구를 할 수 있었던 것이다.

 20대 때 진짜 공부는 당신을 절대로 배신하지 않는 다. 당신이 한 만큼 반드시 평생 동안 보답해 준다. 그것도 몇 십 배 혹은 몇 백 배를 말이다.

인생이 달라지는 공부가 진짜 공부다.

20대 진짜 공부를 한 사람은 지식이 달라지고 확장되는 것이 아니다. 그들은 의식이 달라지고 향상된다. 인간의 의식은 무의식에 비해 빙산의 일각처럼 매우 작은 부분을 차지한다. 그래서 보통 사람들은 무의식에 지배를 더 많이 받게 된다.

그 결과 자신도 왜 그렇게 했는지 도무지 이해할 수 없는 선택과 행동을 하는 경우가 종종 있다. 그런데 그런 선택과 행동이 별로 중요하지 않으면 별 문제는 없지만, 우리가 살아가면서 매일 하게 되는 수많은 선택과 행동이 결국에는 우리의 인생을 결정짓는 것이기에 선택과 행동을 잘 하는 것이 매우 중요하다.

특히 일생일대의 선택의 기로에서 어처구니없이 잘못된 선택을 하게 되면 그 인생은 결국 파멸되게 되고, 패배자의 인생이 될 수밖에 없다.

인생의 성공과 실패는 결국 이런 점에서 당신의 사고 능력과 의식 수준이 결정한다고 말해도 과언이 아닐 것이다.

 가령, 초등학생이 아무리 열정과 자신감과 패기와 집념이 강하다 해도 중소기업의 사장이 되어 그 중소기업을 10년 이상 잘 이끌어 갈 수 없다. 그것은 초등학생의 사고력과 의식 수준이 낮기 때문이다.

 공부를 많이 경제학 박사나 경영학 박사들이 기업을 창업하고 잘 운영할 확률이 높은 이유는 공부를 통해 의식과 사고력이 향상되었기 때문이다. 이것은 법학을 전공한 사람도 마찬가지이다.

 공부한 내용이나 분야보다 더 중요한 것은 지독한 공부를 통해 지식보다 더 중요한 의식과 사고력이 향상되고 높아졌다는 것이다.

 진짜 공부를 20대 때 하게 되면, 의식과 사고력이 훨씬 더 빨리 향상되고 높아진다. 그 결과 그 사람의 인생이 달라지는 것은 너무나 자명한 사실이다.

 ' 가장 현명한 사람은 배우고자 하는 사람이다.'

탈무드에 나오는 이 말은 허투루 하는 말이 아니다. 배운 사람만이 의식과 사고력을 향상시킬 수 있기 때문이다. 의식과 사고력이 향상되어 어제와 다른 자신이 되는 사람은 어제와 다른 세상에서 살아가는 것과 다를 바 없다.

 그렇기 때문에 공부를 하면 자연스럽게 인생이 달라지는 것이다.

진짜 공부를 통해 무엇이든 될 수 있다.

" 꼭 필요한 사람이 될 수 있는가?

 이처럼 꼭 필요한 사람이 되는 것은 누구나 할 수 있는 일이다. 또 하나 중요한 사실은 이런 변화를 실행하는 데 특별히 유리한 사람이나 불리한 사람은 없다는 것이다. 어떤 경우든 린치핀은 신비로운 재능을 타고난 사람들이 아니다. 그들은 새로운 종류의 일이 중요하다는 것을 깨닫고 그런 일을 하기 위해 스스로 훈련한 사람들이다.
 물론 농구선수가 되기 위해서는 큰 키를 타고나야 하겠지만, 농구선수가 되고자 하는 사람이 세상에서 몇 명이나 되는가? 특별한 경우가 아닌 이상, 꼭 필요한 사람이 되기 위해 노력하는 것은 타고난 자질과는 무관하다. 모든 것은 자신의 노력과 행동에 달려 있을 뿐이다. "
　　　< 세스 고딘, [린치핀], 48 ~ 49쪽 >

 자신의 독특한 책들을 통해 전 세계 수많은 기업들과 사람들의 생각과 행동을 변화시킨, 세계에서 가장 영향력 있는 경영 구루guru 중에 한 명으로 손꼽히는 세스 고딘은 모든 것은 자신의 노력과 행동에 달려 있다고 말한다.

그리고 더 중요한 사실은 그가 위대한 예술가, 작가, 제품개발자, 카피라이터, 발명가, 과학자, 프로세스엔지니어, 요리사들은 모두 공통점이 있다고 말한다는 사실이다. 그 공통점이 모두 정규교육을 통해 만들어진 인재가 아니라는 사실이었다. 즉 좋은 학교는 당신이 린치핀이 되는 것을 방해하지는 않지만, 그렇다고 린치핀이 되도록 만들어주지도 않는 다는 것이다.

그의 주장의 핵심은 이것이다.

꼭 필요한 사람, 린치핀은 만들어 지는 것이 아니라 스스로 만들어나가야 한다는 것이다.

그렇다면 어떻게 만들어 나가야 하는 것일까?

바로 공부를 통해 만들어 나가야 한다는 것이다.

공부도 예술이 될 수 있다. 인생에 대해 새로운 해답과 새로운 길과 새로운 성공을 찾아내는
진짜 공부를 한다면, 당신은 이미 진정한 예술가인 것이다.

진짜 공부가 바로 이런 것이기에 당신은 공부를 통해 무엇이든 될 수 있다는 것이다.

18세기 프랑스의 계몽주의 철학자인 장 자크 루소는 자신의 저서인 [에밀]을 통해 다음과 같은 말을 한 적이 있다.

" 식물은 재배로, 인간은 교육(배움)으로 만들어진다. 그러므로 인간의 위대한 능력도 사용방법을 모르면 무용지물이다. 약하게 태어났으므로 힘이, 아무것도 없이 태어났으므로 도움이, 분별력 없이 태어났으므로 판단력이 필요한 것이다. 이 모든 것은 교육으로 얻어진다."
< 장 자크 루소, [에밀], 16쪽, 연암사 >

그의 말처럼, 인간은 위대한 능력을 가지고 있다. 다만 그것을 공부를 통해 얼마나 배우고 익혀서 자신의 힘으로 만들고, 판단력과 분별력으로 전환시킬 수 있느냐에 따라 위대함이 달라지게 되는 것이다.

다시 말해, 진짜 공부를 하는 사람은 무엇이든 될 수 있는 가능성을 가지고 있는 사람이라는 것이다. 진짜 공부는 절대 배신을 하지 않는다.

 진짜 공부를 통해 당신은 무엇이든 될 수 있다. 다만 그 과정을 진정으로 즐길 수 있어야 한다. 인간이 가장 창조적일 때는 결국 즐길 때 이기 때문이다. 돈이나 명성을 위해 하기 싫은 상태에서 하게 되면 오롯이 즐길 수 없게 된다. 즐길 수 없게 될 때 인간은 가장 최악의 성과를 창출하게 된다.

 최악의 성과를 거듭하게 되면 그 어떤 것도 이룰 수 없고, 그 무엇도 될 수 없다. 진짜 공부는 진짜 변화가 있는 공부이다. 그렇게 되기 위해서는 진짜 자신이 즐거운 상태에서 즐기면서 해야 한다.

 공부를 즐기는 법을 배우는 것이 중요한 이유가 바로 여기에 있다. 미칠 정도로 좋아하고 즐길 때 그러한 지나친 에너지가 결국 무엇이든 녹여서 무엇이든 만들어 내 버리게 되는 것이다.

 20대 진짜 뜨거운 공부는 머리가 아닌 가슴으로 해야 하는 것도 이것 때문이다. 당신이 어떤 사람이더라도 공부를 통해 명품으로, 최고로, 대가로, 거장으로 만들어 낼 수 있다. 40대가 다 된 필자도 공부를 통해 인생을 바꾸었다. 공부를 통해 평범했던 이가 강연을 다니면서 수많은 사람들을 변화시키고 감동을 주고 있다.

이 모든 것을 가능하게 한 것은 오직 공부뿐이다.

진짜 공부는 자신을 넘어설 수 있게 해 준다.

공부하는 삶과 공부하지 않는 삶은 과연 차이가 있을까? 공부하지 않는 사람과 공부하는 사람은 과연 무엇이 달라지는 것일까?

공부를 하지 않아도 돈을 많이 벌고, 성공할 수 있다. 하지만 아무리 돈을 많이 벌고, 유명 인사가 되고, 성공한다고 해도 공부하지 않은 사람은 절대로 자기 자신을 넘어 설 수 없다.

앞에서도 이야기했지만, 쥐들의 경주에서 아무리 1등을 수백 번 한다해도 절대로 고양이가 될 수는 없는 것처럼, 공부를 하지 않는 사람은 부자가 되고, 유명 인사가 된다 해도 절대 바뀌지 않는 것이 하나 있다.

바로 세상이 당신을 평가하는 세상의 평가가 아니라 당신 자신의 수준이다. 돈을 갑자기 많이 벌어서 졸부가 되었다 해도 당신은 여전히 당신의 사고와 의식의 틀 속에 갇혀 살아야 하는 당신일 뿐이다.

돈이 많아졌다는 것은 단지 좀 더 비싼 물건을 사용하고, 비싼 공간을 이용하고, 비싼 차를 타고, 비싼 음식을 먹는 다는 것을 제외하고는 당신이 달라지는 것은 절대 아니다.

다시 말해, 당신을 진정으로 변화시키는 것은 공부뿐이라는 사실이다.

중 고등학교 때는 성적에 대한 스트레스와 압박 때문에, 그리고 좋은 대학을 가야 한다는 주위의 권유와 부모의 간절한 바람 때문에 공부를 조금이라도 소홀하게 할 수 없다. 만약에 조금이라도 소홀하게 하면 당장 성적이 떨어지고 그것은 큰 스트레스로 작용하기에 바짝 긴장을 하여 누구나 열심히 입시 공부, 학교 공부를 한다.

이 시기가 바로 10대 이다. 하지만 문제는 이러한 공부로 자신을 넘어선 사람은 한 명도 없다는 사실이다. 이때의 공부는 자신의 대학교와 학교 성적을 결정지을 뿐 자기 자신이 어떤 사람이 되고, 어떤 수준의 사람으로 살아갈 것인가를 절대 결정하지 못 한다는 것이다.

10대 때 부모와 주위의 권유로 열심히 수동적인 학교 공부만 하여, 다행히(?) 성적이 좋아서 한국 사회에서 소위 명문대라고 하는 대학에 입학을 한 친구들 중에서 자신의 인생길을 정하지 못 하고 방황하는 이들이 적지 않고 심지어는 선택해서는 안 될 선택을 하는 경우도 있다.

결국 10대 때 공부는 대부분이 자신을 넘어서는 공부가 아니라 타인과의 경쟁에서 이기기 위한 공부에 불과하다.

하지만 20대 중반부터 30대와 40대의 공부는 당장 공부하지 않더라도 월급이 나오고, 눈에 띄게 문제가 돌출되는 것도 아니고, 심지어 당장 공부를 하지 않더라고 당장 성적이 떨어지는 것과 같은 큰 스트레스가 없다.

그래서 그토록 많은 이들이 공부를 하지 않는 것이다. 결국 이러한 사실을 토대로 내릴 수 있는 결론 한 가지는 20대 이후의 공부는 공부의 기술이나 방법보다 더 중요한 것은 공부를 왜 해야 하는가에 대한 명확한 인식이 가장 중요하다는 것이다.

'강력한 이유가 강력한 행동을 낳는다'고 윌리엄 셰익스피어가 말한 것처럼 20대 때 진짜 공부를 하기 위해서는 진짜 이유가 무엇보다 있어야 한다는 것이다.

당신에게는 진짜 공부에 미쳐야 하는 진짜 이유가 있는가?

당신이 진짜 공부에 미쳐야 하는 진짜 이유는 그것만이 진짜 인생을 살아 낼 수 있게 해 주기 때문이다. 모든 멋진 인생은 진짜 공부의 결과이기 때문이다.

자기 자신을 넘어선 위대한 인물들 중에 진짜 공부를 하지 않은 사람은 단 한 명도 없다고 필자는 감히 주장하고 싶다. 그렇다면 왜 자신을 넘어서야 하는 것일까? 그것은 자신을 넘어선다는 것은 자신의 내면에 숨겨진 위대함을 발견하고 그것을 세상에 내 놓아서 활용하는 것과 같다.

그렇게 위대함을 갖추게 될 때, 그 사람은 오랫동안 이 세상이 필요로 하는 린치핀으로 남을 수 있게 되기 때문이다. 즉 세상이 필요로 하는 사람이 된다는 것이다.

학교 공부를 통해 좋은 대학교에 입학을 하여 열심히 공부하는 것도 중요하고, 좋은 직장에 입사하여 그곳에서 자신의 능력을 발휘하여 승진을 하는 것도 중요하고 좋은 일이다. 하지만 그렇게 좋은 학교를 나오고, 좋은 직장을 다녀도 40대 초반에 아무리 오래 버틴다고 해도 50대 에는 회사에서 나와야 한다.

 심지어 지금은 30대 후반에도 회사에서 나오는 사람들이 적지 않다. 이렇게 되었을 때 100세 시대에 남은 50년 혹은 60년을 어떻게 살아갈 것인가? 문제는 당신에게 위대함이 있다면, 즉 남과 다른 자기 자신만의 가치 제공 능력이나 타인에게 무엇인가를 제공해 줄 수 있는 당신만의 무엇이 없다는 것이다.

 그 이유는 직장 생활을 하면서 직장 일에 매몰당한 채 수 십 년을 보낼 수밖에 없었기 때문이다. 그래서 직장을 오랜 시간 다닌 사람의 경우 직장을 그만두고 퇴직을 하는 순간 자기 자신의 힘으로 할 수 있는 것이 하나도 없다는 사실에 큰 좌절과 실망을 하게 되는 경우가 많은 것이다.

이 때 진짜 공부를 꾸준히 했던 사람들은 보란 듯이 제 2의 인생, 제 3의 인생을 멋지게 살아낼 수 있다는 것이다. 진짜 공부를 통해 자기 자신만의 탁월함을 갖추고 있기 때문이다. 필자가 작가이기 때문에 가장 쉽게 예를 들 수 있는 것이 작가의 삶이다.

30대 혹은 40대 까지 직장생활을 한 후 40대나 50대부터, 혹은 직장을 다니면서 30대부터 조금씩 여러 가지 주제에 대해서 책을 쓰면서 공부의 끈을 놓지 않고 스스로를 다듬어 간 사람은 명퇴를 하게 되면 본격적으로 책을 쓰면서 살 수 있기 때문에 더 좋아하게 된다.

하지만 대부분의 직장인들이 공부를 하지 않기 때문에 자신의 직장 생활이라는 틀 속에서 갇혀 살게 되고, 명퇴 후의 삶이 비참하게 된다. 가장 큰 비참함은 세상이 자신을 필요로 하지 않는다는 것이다.

20대 때부터 진짜 공부를 한 사람은 30대가 되고, 40대가 되고, 50대가 될수록 그 가치가 빛이 나게 되고, 다양한 인생에 도전할 수 있게 된다. 치열하게 공부해 놓았던 20대가 있기 때문이다. 20대 때 공부를 못 한 40대나

50대도 기회는 있다. 끝날 때 까진 끝난 것이 아니기 때문이다. 40대든, 50대든, 60대든, 70대든, 80대든 당신이 공부를 시작한다면, 그 때부터 당신은 청춘이며, 새로운 인생에 도전할 수 있는 자격과 기회를 동시에 얻게 되는 것과 다를 바 없다. 무엇이 두려운가? 독자들이여, 공부에 도전하고, 실패하고, 또 도전하라.

필자는 직장을 그만두고 나왔을 때 가장 큰 비참함을 느낀 것이 이 세상의 그 누구도 필자를 필요로 하지 않는다는 사실이었다. 다시 말해 직장을 다닐 때는 하루 직장에 안 가면 여기저기서 전화가 와서 나를 필요로 한다. 그런데 그것은 내가 탁월한 존재이기 때문이 아니라 오로지 직장을 다니고 있다는 그 이유 하나 때문이다.

하지만 그런 직장을 평생 다닐 수는 없다. 그리고 직장생활이란 것이 30대 때는 여러 가지 이유로 해 볼 만한 것이지만, 40대가 되고, 50대가 될수록 하기 힘든 것이고, 해도 수익이 크지 않게 된다는 것을 염두에 두어야 한다.

어쨌든 평생직장이란 말은 이제 이 세상에 존재하지 않

는다고 생각하는 것이 마음이 편하다. 그렇기 때문에 직장인이 아닌 자유인으로서 스스로 회사를 나와 있을 때, 이 세상이 자신을 필요로 하는 그런 탁월한 존재가 되어야 할 필요가 있다.

 바로 이것이 20대 때 치열하게 진짜 공부에 미쳐야 하는 참된 이유이다. 그리고 20대 때 공부를 놓친 30대, 40대, 50대, 60대, 70대, 80대는 지금이라도 진짜 공부에 미쳐야 하는 이유이기도 하다.

 한 마디로 당신이 20대든, 40대든, 80대든 상관없다. 당신이 누구든 진짜 공부를 해야 자기 자신을 탁월한 존재로 만들 수 있고, 그것은 이 세상에 가치 있는 무엇인가를 제공해 줄 수 있는 필요한 사람이 될 수 있다는 말이다.

진짜 공부는 머리가 아닌 가슴으로 하는 것이다.

머리가 나빠서 공부하고는 인연이 없다고 말하는 사람들이 있다. 하지만 나는 그 말에 절대 동의할 수 없다. 사실 공부는 머리가 나쁘기 때문에 더 해야 하고, 천재가 아니기 때문에 더 필요한 것이 바로 공부이기 때문이다.

그런 점에서 진짜 공부는 진짜 머리가 아닌 가슴으로 해야 하는 것이다. 인생을 바꾸기 위한 공부에는 수학이나 과학 공부보다는 자신의 사고와 의식을 바꿀 수 있는 그런 인문학적인 책이나 역사책의 독서 공부와 경제, 경영, 사회, 정치에 대한 공부를 통해 세상을 보는 안목을 키우는 그런 공부를 통해 남디든 통찰력을 키우는 공부가 더 맞을 것이다.

그런데 이러한 공부는 절대로 머리로 하는 것이 아니다. 그 시대 그 상황에 자신이 직접 들어가서 간접적이라도 체험을 해야 한다. 뜨거운 가슴으로, 온 몸으로 느껴야 제대로 공부가 된다고 할 수 있을 것이다.

정치나 사회에 대한 공부도 마찬가지이다. 국민을 사랑

하고 국가를 사랑하는 뜨거운 가슴으로 공부를 하는 사람과 그저 지식만을 습득하기 위해 차가운 머리로 공부하는 사람은 얻어 낼 수 있는 것이 확연하게 다르다.

경제와 경영에 대해서 공부하는 경우도 이와 다르지 않다. 정말 중요한 것은 서민들의 경제를 생각하고, 일자리를 창출하고, 직원들에게 더 큰 복지와 혜택을 주고자 하는 마음을 가진 예비 경영자의 뜨거운 가슴으로 공부를 하는 사람이 훨씬 더 제대로 된 공부를 할 수 있다고 필자는 생각한다.

진짜 공부는 차가운 머리가 아닌 뜨거운 가슴으로 해야 하는 것이기 때문에, 절박한 상황에서 훨씬 더 잘 된다고 할 수 있다. 차가운 머리로 하는 10대의 학교 공부는 냉철한 머리만 있으면 잘 할 수 있지만, 절박한 인생의 시작점에서 미칠 정도로 치열하게 해야 하는 진짜 공부는 냉철한 머리로 할 수 없는 공부이다.

뜨거운 가슴을 가진 사람이 진짜 공부를 하게 된다. 뜨거운 가슴을 가진다는 것은 자신의 인생에 대해 뜨거움을 가지고 있다는 것을 의미한다. 10대 공부는 모든 것이 정해져 있는 상황에서 공부 성적만 올리면 되는 그런 공부이지만, 20대부터 하는 진짜 공부는 진짜 한 치 앞을 내다보기 힘든 상황과 어려움 속에서 한 걸음 한 걸음 나아가야 하기 때문에 뜨거움이 없으면 열심히 할 수 없게 되고, 결국 공부의 끈을 놓게 된다.

진짜 공부는 조금이라도 등한시 하면 바로 성적이 떨어지는 그런 긴장 속에서 하는 10대의 학교 공부와 성격이 전혀 다르기 때문이다.

열심(熱心)히 하는 말이 바로 뜨거운 마음이 모여서 만들어진 말이라는 것은 그만큼 뜨거워야 우리는 움직이고 말 그대로 열심히 할 수 있다는 말이다. 한심(寒心)하다는 말은 마음이 뜨겁지 않고 차가운 마음이라는 말이 모여서 된 말이다.

그렇기 때문에 진짜 공부부터는 뜨거운 마음, 뜨거운 가슴이 반드시 있어야 한다. 세상을 살만큼 살았던 40대와 50대들 중에 뜨거운 열정이 식은 이들이 많다. 그래서 그런 분들은 도저히 공부를 지속할 수 없다. 차가워진 마음으로는 그 어떤 일도 해 낼 수 없기 때문이다.

바로 이런 이유에서 머리가 아무리 좋아도 뜨거운 가슴이 없다면 20대 이후의 공부를 제대로 해 낼 수 있다. 더욱이 뜨거운 가슴으로 하는 공부가 아니면 절대로 진짜 공부에 미칠 수 없다.

그렇기 때문에 20대 진짜 공부는 머리가 아닌 가슴으로 해야 하는 것이다. 당신은 지금 당신의 작은 역사를 하루하루 만들어가면서 살아간다. 그 하루하루를 그렇기 때문에 대충 흘러 보낼 수는 없는 것이다. 그 하루하루 순간순간이 바로 당신의 역사여야 하기 때문이다.

공부도 역시 당신의 역사를 만드는데 가장 큰 일조를 하는 것들 중에 하나라고 볼 수 있다. 그렇기 때문에 당신의 역사를 만들 때 머리보다 가슴이 우선되어야 한다.

진짜 공부는 인생의 가장 큰 특권이다.

비행기는 전진하지 않는 순간 추락하고 만다. 이것은 기적이 일어나지 않는 이상 그대로 실현되는 자연 법칙이다. 하지만 이것보다 더 정확하고 다름이 없는 법칙이 있다. 그것은 바로 '인간은 공부하지 않는 순간 도태되고 만다는 것'이다.

 공부한다는 것은 바로 인류가 쌓아 온 지식과 지혜와 통찰력과 혜안과 사고력이라는 비행기를 타고, 인생의 성공과 행복이라는 목적지에 도착하고자 비행기를 타고 날아가는 여정과 같은 것이다.

 하지만 공부를 하지 않는다는 것은 비행기를 타는 것 대신 직접 자신의 발로 걸어서, 도보로 그곳에 도착하고자 열심히 전진하는 용감한(?) 사람들이라고 말 할 수 있다.

 그렇기 때문에 인생을 참 된 시작이라고 할 수 있는 20대 때 공부를 한다는 것은 가장 큰 특권이라고 말하고 있는 것이다.

운명을 바꿀 수 있는 것은 돈이나 성공이 아니라 공부이다. 공부를 하지 않는 것은 인간이라면 누구라도 부여받은 특권을 포기하는 것과 다름이 없다. 공부만큼 인생을 드높일 수 있게 해 주는 것은 이 세상에서 찾을 수 없기 때문이다.

 공부한다는 것은 모든 것을 잃어도 다시 일어 설 수 있게 해 주는 위대한 힘을 얻는 것과 다르지 않다.

 샤를 드골의 말이 생각난다.

 " 사람은 스스로 위대해지기를 작정했을 때만 위대해진다."

 그의 말처럼, 우리는 스스로 위대해지기를 결심했을 때만, 위대해 질 수 있다. 하지만 공부가 아니고서는 스스로를 위대하게 만들 수 있는 것이 이 세상에 또한 존재하지 않는 다는 사실도 알아야 한다.

 얼마나 많은 역사의 인물들이 오직 공부를 통해서 인생의 새 장을 열어왔는가!

이 사실을 생각할 때면 가슴이 설레지 않을 수가 없다. 공부는 수많은 가능성의 세계를 마음껏 펼칠 수 있게 해주는 마법과 같은 것이다. 특히 진짜 공부는 더욱 더 그렇다.

진짜 공부를 하게 되면 무엇이든 할 수 있고, 무엇이든 도전할 수 있다. 무엇보다 자신이 생각지도 못한 인생을 만들어갈 수 있다. 그런 점에서 진짜 공부는 인생에게 부여된 또 다른 하나의 공부하는 사람에게만 주어지는 특권인 것이다.

과거에는 부유한 집안에서 태어나면 그것이 큰 별고가 없으면 평생을 갔다. 하지만 지금은 그 어떤 시대보다 더 큰 변혁의 시대이다. 그래서 공부를 하지 않은 사람은 그 어떤 일도 물러 받을 수 없다. 하다못해 작은 중소기업도 그렇고, 학교 교사가 되는 것도 그렇고, 작가가 되는 것도 그렇다.

부단히 자신을 채찍질해서 공부를 해야 그 어떤 것도 할 수 있고 이룰 수 있는 시대인 것이다.

진짜 공부가 인생의 가장 큰 특권인 이유는 시대적인 변화의 요인도 적지 않다. 과거 조선 시대에 당신이 태어났다고 생각해보라. 그런데 양반이 아니라 서자 출신이거나 농민 출신이거나 노비 출신이라면 어떻게 할 것인가?

평생 신분 상승은 꿈도 꾸지 못 한다. 하지만 지금은 어떤가?

얼마든지 공부를 통해 신분 상승을 할 수 있는 최고의 시대를 당신은 살고 있다는 것이다. 필자는 이러한 시대적 변화를 토대로 하여 지금 20대 들이 공부에 미친다는 것은 결국 하나의 큰 특권이며, 그것은 다른 시대에 20대들이 공부에 미치는 것보다 훨씬 더 큰 유익이라는 사실에 대해 말하고 있는 것이다.

20대든, 80대든 공부에 미칠 수 있는 사람은 따로 있다.

현대 경영학의 창시자인 피터 드러커는 자신의 저서인 [프로페셔널의 조건]이란 책을 통해 이 시대가 얼마나 변혁의 시대이며 무한 경쟁의 시대인지를 다음과 같이 피력한 적이 있다.

" 개인의 평균 수명 및 평균 근로 수명, 특히 '지식 근로자의 평균 근로 수명'은 매우 급속도로 증가한 반면, 고용 기관의 평균 존속 기간은 실질적으로 감소하고 있는 것이다. 게다가 기술의 변화가 매우 빠른 시대, 세계화로 인해 경쟁이 증가하는 시대 그리고 엄청난 변혁의 시대를 맞이해 '고용 기관'의 성공적인 존속 기간은 앞으로도 계속 단축될 것이 분명하다. 따라서 점점 더 많은 사람들, 특히 지식 근로자들은 그들의 고용 기관보다 더 오래 살게 될 것이라는 예측을 할 수 있게 되었다. 그에 따라 남은 인생의 후반부를 위해 새로운 경력을 쌓고, 새로운 기술을 익히며, 정체성을 새롭게 확립하고, 더 많은 새로운 관계를 개발해야 한다는 사실도 깨닫게 되었다."   < 피터 드러커, [프로페셔널의 조건], 12 ~ 13쪽 >

20대 보다는 30대가 더 바쁘고, 책임져야 할 가족이 더 많아진다. 그리고 30대 보다 40대가 되면 시간적으로는 덜 바빠질 수 있지만, 책임져야 할 가족, 즉 부양가족은 훨씬 더 많아진다. 그리고 50대가 되면 시간이 엄청 많아질 수 있지만, 그 때는 다시 공부하기에 여간 힘들지 않을 것이다. 하지만 60대든, 80대든, 40대든, 20대든 공부에 미칠 수 있는 사람은 따로 있다. 그런 사람은 바로 공부의 중요성을 제대로 알고 있어야 하고, 실천력이 있는 사람이어야 한다.

물론 나이가 80이 되고, 60이 되어도 다시 공부를 할 수 있고, 공부에 모든 것을 걸고 미칠 수 있다. 하지만 이왕 공부에 미칠 것이라면 60대 보다는 50대가 낫다. 그리고 40대 보다는 30대가 낫고, 30대 보다는 20대가 훨씬 낫다.

10대는 너무 어리기 때문에 공부에 제대로 미칠 수 없다. 필자가 생각하는 최고의 공부 시기는 20대와 40대이다. 30대는 이것, 저것 너무 많은 것을 해야 한다. 취업도 해야 하고, 공부도 해야 하고, 남들처럼 바쁘게 회상

생활도 경험해 봐야 하고, 최소한 직장 생활도 해 봐야 한다.

자신이 앞으로 무엇을 하더라도 한 번도 직장 경험을 해 본 적이 없는 것과 있는 것은 큰 차이가 있다. 군대 생활도 마찬가지이다. 3년 이란 시기를 군대 대신 공부를 하는 사람이 있지만, 물리적으로 볼 때는 그것이 유익한 것처럼 보이지만 군대 생활을 통해서만 배울 수 있는 값진 경험은 그 어떤 공부보다 더 낫다.

하지만 군대를 갔다 오고 나서 20대 중반부터 후반까지 첫 직장에 취직하는 그 시기를 전후하여 진짜 공부에 미치는 사람들은 긴 인생 여정 중에서 가장 치열하게, 그리고 무섭게 공부에 미칠 수 있는 시기가 바로 20대라는 사실을 알 필요가 있다.

40대 공부는 선택이 아니라 생존의 필수 전략이라고 전작을 통해서 말한 적이 있다. 인생을 살면서 가장 혁명이 필요한 시기가 바로 40대이기 때문이다. 그래서 40대 때 제대로 혁명을 하지 못 한다면 우리 인생의 후반기는 어떤 것도 제대로 시도해보지 못하고 세월에 이리저리 떠

밀려 살다가 삶의 저편으로 사라지게 될 것이다.

　50세에 은퇴한다고 가정할 때, 아무것도 시도하지 못하면 40년 이상을 허송세월로 보내야 할지도 모른다. 하지만 40대 공부를 힘들더라도 제대로 하게 되면 변화와 혁신에 성공하게 되고, 제 2 의 인생을 보란 듯이 살아갈 수 있다.

　하지만 그것보다 더 좋은 방법은 20대 때 진짜 공부를 하는 것이다. 20대 만큼 진짜 공부에 목숨을 걸고 미친 듯이 할 수 있는 최고의 인생 시기는 다시 말하지만 없다. 20대 때 공부만큼 뜨겁게 할 수 있는 그런 시기는 없다.

　40대 때 공부는 솔개가 70년 혹은 80년 이라는 긴 세월을 살아내기 위해, 스스로 발톱을 뽑고, 부리를 쪼아서 없애고, 낡은 깃털을 다 뽑아내어 남은 인생을 살게 되는 생존형 공부라고 한다면, 20대 때 공부는 자기 자신을 명품으로 만들어 명품으로 살아갈 수 있게 해 주는 명품형 공부라고 할 수 있다.

나이가 20이든, 40이든, 60이든, 80이든, 공부에 미칠 수 있는 사람이 인생 고수다. 인생 고수가 되고 싶다면, 공부에 미쳐야 한다.

공부는 또 다른 하나의 선물이다.

40대 공부는 생존을 위해, 인생 혁명을 위해 하는 공부라면, 진짜 공부는 자신을 비범한 존재로 만들어 비범한 인생을 살아갈 수 있게 되기 위해 하는 인생 도약을 위해 하는 공부라고 정의할 수 있다.

전자는 절박하고 처절한 공부를 해야 한다. 하지만 골이 깊은 만큼 산도 높다. 고통이 큰 만큼 그 후에 얻게 되는 보상은 달다. 40대 공부가 이런 성격의 공부라면, 후자인 진짜 공부는 특별하고 남다른 공부라고 할 수 있다.

진짜 공부를 하면 크게 도약할 수 있고, 위대한 인생을 살아 갈 수 있기 때문에 위대함을 위한 공부라면, 40대 공부는 생존하기 위해, 성장하고 혁명하기 위한 공부라고 할 수 있다.

그래서 40대 공부는 숙명이고, 운명이라면, 진짜 공부는 또 다른 하나의 선물이며, 행운이라고 말 할 수 있다. 진짜 공부를 하는 사람은 그렇지 않는 사람보다 훨씬 더 높게 도약하며 하늘을 마음껏 날면서 인생을 살아갈 수 있기 때문이다.

 필자의 첫 저서인 [공부의 기쁨이란 무엇인가] 라는 저서에 보면, 이런 말을 필자가 한 적이 있다.

 ' 삶은 배움이고, 배움을 통해서만 창조적인 삶에 도달하며, 창조적인 삶이야말로 세상에서 가장 큰 기쁨을 안겨 준다. '

 이 말처럼 세상에서 가장 큰 기쁨을 안겨 주는 것은 무엇인가를 새롭게 창조해 내는 그러한 창조적인 삶이라고 생각한다. 그런데 이러한 창조적인 삶을 살기 위해 가장 필요한 것은 무엇일까? 그것이 바로 공부라는 것이다. 그리고 이 책에는 다음과 같은 매우 귀중한 지혜의 가르침이 담겨 있다.

 " 끝까지 공부할 수 있는 힘은 오로지 즐기는 것뿐이다."

 그래서 첫 번째 책의 제목이 '공부의 기쁨이란 무

엇인가' 인 것이다. 공부와 기쁨을 함께 생각해야 한다는 말을 강조했던 것이다. 그런데 이 말은 이 말은 또한 공부뿐만 아니라, 무엇을 하든, 열심히 하는 자보다는 그것을 좋아하는 자가 더 낫고, 좋아하는 자보다는 그것을 오롯이 즐길 줄 아는 자가 훨씬 더 낫다는 말에 대한 추가 설명이기도 하다.

중국의 공자(孔子) 역시 공부의 기쁨에 대해 말한 대표적인 현인 중에 한 명이 않은 가?

" 학이시습지 불역열호야! (學而時習之 不亦說乎) "

" 배우고 때로 익히면, 또한 기쁘지 아니한가 " 라는 유명한 말을 통해, 공자는 무엇보다 배움의 기쁨에 대해 제대로 깨달은 위인 중에 한 명이라고 볼 수 있다.

20대에게 공부는 또 다른 하나의 인생 선물인 이유가 여기에 있다. 공부를 제대로 할 수 있다면 공부의 기쁨을 누릴 수 있게 된다. 물론 제대로 공부에 미칠 수 있는 그런 경지에 이르기 까지가 힘든 것은 사실이다. 하지만 이러한 현상은 무엇을 해도 마찬가지이다.

자전거를 타는 것이나 수영을 배우는 것이나 스키를 타는 것이나 운전을 배우는 것이나 그 어떤 것이라도 제대로 할 수 있어야 제대로 그 맛을 느낄 수 있게 된다. 초보 운전자들은 절대로 즐거운 드라이버를 할 수 없다. 너무 무섭고, 힘들고, 어렵기 때문이다.

초보일 때 운전을 하는 사람들은 그야 말로 생고생을 하는 것과 진배없다. 자전거를 배우는 과정도 이와 다르지 않다.

공부도 역시 제대로 미칠 수 있는 경지에 이르기 까지는 등에서 땀이 나고, 식은땀이 이마에서 나야 한다. 하지만 제대로 미칠 수 있는 경지가 되면 공부만큼 평생 할 수 있고 질리지 않는 것도 없다는 것을 알게 된다. 그래서 공자는 평생 했던 것이다.

20대 때 공부에 제대로 미치는 법을 마스터하게 되면, 평생 공부의 기쁨을 누릴 수 있게 될 뿐만 아니라 그 기쁨으로 인해 평생 공부를 즐길 수 있게 되고, 공부의 끈을 놓지 않게 된다. 결국 평생 공부의 끈을 놓지 않고 공부할 수 있는 토대를 이 때 마련할 수 있게 된다.

바로 이런 점에서 진짜 공부는 또 다른 하나의 선물이 되는 것이다. 20대인 당신이 공부하지 않는 다면 공부에 제대로 미치는 법을 배울 기회를 상실하게 되고, 결국 공부의 끈을 놓을 수밖에 없게 되는 상황에 몰리게 된다.

바둑에 보면, 장고 끝에 악수를 두게 된다는 말이 있다. 좋은 수가 생각나지 않아서 자꾸 밀리다 보면 결국 패하게 된다. 인생도 이와 마찬가지이다. 자꾸 밀리다 보면 결국 재기 불능 상태가 된다. 그런데 진짜 공부는 처음부터 인생에서 밀리지 않도록 해 주고 멋지고 비범한 인생을 살아갈 수 있게 해 주는 좋은 선물, 그 자체인 것이다.

에필로그_ 공부를 멀리 하는 것은 인생 최대의 낭비이며, 실수이다.

20대 청춘들의 미래를 결정짓는 것은 당신들의 성공이나 부가 아니라 매일 하는 생각과 행동들이다. 그리고 그 생각과 행동을 결정짓는 것들은 당신이 20대 때 해 놓은 진짜 공부다. 40대 독자들의 현재를 결정하는 것은 지금 당신이 하는 인생 최고의 진짜 공부다. 60대 독자들의 인생을 결정하는 것은 새롭게 도전하는 진짜 인생 공부다. 80대 독자들의 인생을 완성하게 해 주는 것은 끝까지 포기하지 않고 하는 진짜 공부다.

필자가 좋아하는 시를 소개 해 주고 싶다.

할 수 있다고 생각하는 사람.

패배한다고 생각하면
당신은 패배한다.

용기가 없어 도저히 할 수 없다고 생각하면,
당신은 절대 하지 못할 것이다.

성공하고 싶지만, 성공할 수 없다고 생각하면,
당신은 성공 하지 못할 것이다.

실패할 것이라고 생각한다면,
당신은 이미 실패한 것이다.

이 세상의 성공은 사람의 의지에서 비롯되며
온전히 사람의 생각 속에 있기 때문이다.
자신이 뛰어나다고 생각하면
뛰어나게 될 것이다.

높이 오르려면 높이 생각해야 하듯,
성공을 거머쥐려면 먼저 자기 자신을 믿어야 한다.

삶이란 전투에서 승리가 언제나
더 강하거나 더 빠른 사람에게 주어지는 것은 아니다.

최후의 승리자는 반드시
승리할 수 있다고 생각하는 사람임에는 틀림없다.

< 월터 D. 윈틀 Walter D. Wintle , 출처: 유연, [천

국으로 가는 시] >

이 시에서 당신이 배워야 할 것은 한 가지이다.

승리하는 자는 강한 자도 빠른 자도 아니라 승리할 수 있다고 생각하는 사람' 이라는 사실이다. 물론 이 말이 100% 필자를 감동시키지는 않는 다. 그럼에도 이 말에 주목하고 이 시를 좋아하는 이유는 우리의 생각은 결국 우리가 보고 읽고 느끼고 배운 것의 총체적 결과물이기 때문이다.

그 중에서도 직접적으로 영향을 주는 것은 수동적으로 학습한 것이 아니라 능동적으로 스스로 읽고 공부한 것이다. 자발적으로 어떤 공부를 했느냐에 따라 당신의 생각은 절대적으로 달라질 수 있고, 그로 인해 당신의 인생도 달라지는 것이다.

" 공부를 하지 않으면 어제까지 했던 당신의 낡은 생각들 속에 갇혀 평생 살아가는 삶을 살게 된다. 진짜 공부는 당신이 평생 인생의 주인으로 잘 살아나가기 위해 반드시 필요한 디딤돌과 같은 것이다.

세상에서 가장 강한 사람은 자신의 생각과 감정을 극복한 사람이며, 더 강한 사람은 자신의 생각을 계속해서 확장시킬 줄 아는 사람이다. 생각이 성장하고 커질수록 당신의 삶도 커질 수밖에 없기 때문이다. " - 김병완 -

바로 이런 점에서 공부는 해도 되고 안 해도 되는 것이 아니라 반드시 해야 하는 것이다. 공부를 해야 자신의 생각에 갇히지 않게 된다. 스스로 자신의 생각을 계속해서 확장시켜 나갈 수만 있다면 그 사람은 구글의 알파고처럼 어제의 자신을 매일 뛰어넘어 더 나은 존재로 스스로를 만들어 나갈 수 있게 된다.

" 인간의 위대함은 바로 여기에 있다. 스스로 배우고 공부하여, 자체적으로 성장가능하다는 것이다. 그런 점에서 이 위대한 학습 기능인 공부를 하지 않고 살아간다는 것은 말로 할 수 없는 인생 최대의 낭비이며, 실수인 것이다. " - 김병완 -

판권

종이책 : 값 13,000 원

초판 인쇄: 2025년 11월 30일
초판 발행: 2025년 11월 30일

지은이: 김병완
발행인: 플랫폼연구소

출판등록: 제 2020-000075호

전화: 010-3920-6036 / 02-556-6036
이메일: pflab2020@naver.com

주소:서울시 강남구 삼성동 116 백우빌딩 402호

ISBN 979-11-91396-96-6(03190)

* 이 책의 전부 또는 일부 내용을 재사용하시려면 사전에 저작권자와 도서출판 (주) 플랫폼연구소의 동의를 받아야 합니다.

* 잘못된 책은 구입하신 서점에서 교환하여 드립니다.